Hochschule für öffentliche
Verwaltung Kehl

UNIVERSITY
OF APPLIED SCIENCES

Örtliche Vereine

Ihr Recht, ihre Rechtsprobleme und
Rechtsbeziehungen zur Kommune in der Alltagspraxis

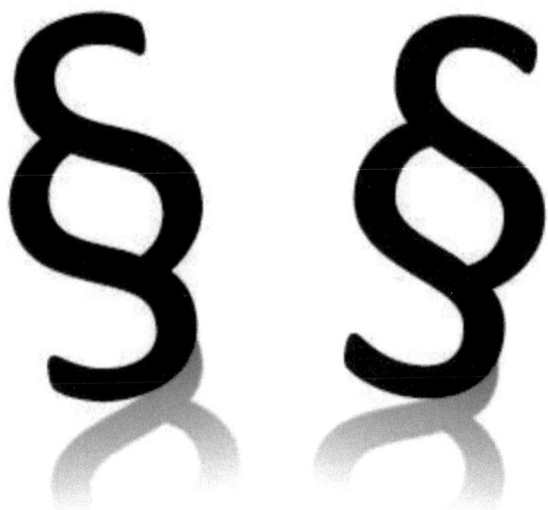

Ralf Bernd Herden (Hrsg.)

Örtliche Vereine

Ihr Recht, ihre Rechtsprobleme und Rechtsbeziehungen zur Kommune in der Alltagspraxis

Erschienen im Sommer 2015 als studentische Arbeit im Rahmen des Fachprojekts für den Bachelor-Studiengang Public Management an der Hochschule für öffentliche Verwaltung Kehl. Rechtsstand Jahresende 2014. Diese Arbeit kann eine individuelle Rechtsberatung nicht ersetzen: Sie dient allein der allgemeinen Bildung und Information, nicht der Beratung bei individuellen rechtlichen Anliegen. Alle Inhalte sind ständigen Veränderungen unterworfen. Jede Nutzung erfolgt auf eigene Gefahr. Eine Gewähr für Vollständigkeit und Richtigkeit kann - trotz aller Sorgfalt - ausdrücklich nicht übernommen werden.

Kehl am Rhein / Lahr im Schwarzwald / Freudenstadt

Herstellung und Verlag durch Books on Demand GmbH, Norderstedt

ISBN 978-3-7386-2005-4

INHALTSVERZEICHNIS

I. EINLEITUNG

Liebe Leserinnen und Leser,

dieser Reader ist das Arbeitsergebnis eines Fachprojekts von 13 Studierenden der Hochschule für öffentliche Verwaltung Kehl. Betreut wurde dieses Projekt von Rechtsanwalt Ralf Bernd Herden.

Wir haben es uns zur Aufgabe gemacht, das Thema „örtliche Vereine" sowie auftretende Rechtsfragen in den Bereichen **Organisation, Finanzierung und Haftung** genauer zu behandeln und anschaulich anhand von Praxisbeispielen zu erläutern. Einen speziellen Fokus haben wir insbesondere darauf gelegt, Mitstudierenden durch den Reader eine Hilfestellung im Verwaltungshandeln zu bieten. Des Weiteren war es uns ein großes Anliegen, die Thematik für jedermann verständlich zu erklären.

Bezüglich des Fallaufbaus lässt sich anmerken, dass die Symbole in der oberen linken Ecke jeweils das betroffene Themengebiet anzeigen. Der Kreis mit dem O steht für *Organisation* der Kreis mit dem F *Finanzierung* und der Kreis mit dem H für *Haftung*. Das unten stehende Schema stellt exemplarisch dar, wie die Fallbearbeitung strukturiert wurde.

(O) (F) (H)

ÜBERSCHRIFT

Fallbeschreibung

Problem/ Fragestellung

Fallbearbeitung

Gesetzliche Grundlagen

Beachte

Schließlich wollen wir darauf hinweisen, dass die Unterschiede zwischen dem **eingetragenen Verein (e.V.)** und dem **nicht eingetragenen Verein (nicht e.V.)** nicht sehr groß sind.

Nur in bestimmten Fällen treten bedeutsame Unterschiede auf (vor allem bei der Rechtsfähigkeit und Haftung). Deswegen wurde in unserer Bearbeitung nicht grundsätzlich in e.V. und nicht eingetragener Verein untergliedert. Trotzdem wurden wichtige Unterschiede, die bei den Fallbearbeitungen hervorgetreten sind, deutlich betont.

Sollten Sie Interesse an einem ausführlichen Überblick über das Thema Verein haben, bietet das der Artikel „Verein" aus dem Rechtswörterbuch von Carl Creifelds äußerst gut.

Wir hoffen, dass unsere Ausarbeitungen die Thematik verständlich darstellen und Ihnen damit Ihre Fragen beantwortet werden.

Das Fachprojektteam mit Projektleiter Herden

(v.l.n.r.: Lara Schaub, Andreas Frank, Tamara Tröndle, Jessica Schröder, Timm Seidel, Charlotte Stamm, Sandra Kandlin, Franziska Schäfer, Max Bonhage, Marina Funk, Judith Herrmann, Ralf Bernd Herden; es fehlen: Felix Ziegler, Andreas Willemsen)

II. DEFINITIONEN

1. ORGANISATION

Die Vereinsorganisation gliedert sich in die Aufbauorganisation und die Ablauforganisation.

Die **Aufbauorganisation** umfasst den äußeren Aufbau des Vereins mit seinen Gremien und Ausschüssen und den dazugehörigen Zuständigkeiten und Kompetenzen.

Die **Ablauforganisation** regelt die Arbeitsprozesse bzw. Arbeitsabläufe in einem Verein.

Ein Verein hat in der Regel mindestens zwei Organe, die Mitgliederversammlung als oberstes Organ (§32 BGB) und den Vorstand, dieser kann auch aus mehreren Personen bestehen (§ 26 BGB). Neben dem Vorstand können noch besondere Vertreter für gewisse Geschäfte bestimmt werden (vgl. § 30 BGB).

Rechtsfähige Vereine sind juristische Personen des Privatrechts.

Der Vorstand ist zwar ein Organ, jedoch hat er die Stellung eines gesetzlichen Vertreters.

Außerdem muss jeder Verein eine Satzung haben, in der die Organisationsstrukturen geregelt sind.

2. FINANZIERUNG

Die Finanzierung umfasst die Beschaffung, die Verwaltung und die Rückzahlung von Vermögen. Vereine finanzieren sich in erster Linie durch ihre Haupteinnahmequelle, den Mitgliedsbeiträgen. Darüber hinaus können Vereine Feste veranstalten und somit Mittel erwirtschaften, indem sie wirtschaftlich tätig werden. Die Einnahmeerzielung bedarf grundsätzlich der Umsatzsteuerpflicht. Liegt der Betrag jedoch unter 50.00 € im laufenden Jahr und unter 17.500 € im Vorjahr, so wird der Verein von der Umsatzsteuerpflicht befreit (§19 UStG).

Es gibt aber auch die Möglichkeit der Finanzierung durch Dritte, wie zum Beispiel Spenden oder Zuschüsse von Körperschaften des öffentlichen Rechts. Bei letzteren ist jedoch zu beachten, dass diese zweckbezogen sind, d.h. man darf das Geld nur für den benannten Zweck ausgeben, z.B. für die Errichtung eines Kunstrasenplatzes. Eine weitere Möglichkeit der Finanzierung bietet das Sponsoring. Dieses Instrument nutzen Unternehmen aus Kommunikationsgründen, das die Vereine bereichert z.B. durch neue Trikots. Reichen den Vereinen nicht die bereits genannten Einnahmequellen aus, so ist die Möglichkeit der Fremdfinanzierung, der Kredite gegeben. Diese Darlehen sollten aber möglichst von der Hausbank genommen werden, da diese die Liquidität des Vereins überprüft und der Verein die realitätsnahe Summe zurückzahlen kann.

Siehe hierzu auch:

- http://wirtschaftslexikon.gabler.de/Definition/finanzierung.html
- http://www.vereinsbesteuerung.info/leitfaden_ust.htm
- http://wirtschaftslexikon.gabler.de/Definition/sponsoring.html

3. HAFTUNG

Vereine, Vereinsvorstände und -mitglieder werden in verschiedensten Situationen mit Haftungsproblemen konfrontiert, daher wollen wir in unseren Beispielsfällen auch auf die Haftung des Vereins und seiner Mitglieder eingehen.

Es gibt verschiedene Arten von Haftung im Vereinswesen. Zunächst unterscheiden wir zwischen der Vereinshaftung und der Organhaftung. In Fällen der Vereinshaftung haftet der Verein als solcher für Fehler seiner Mitglieder oder Organe mit dem Vereinsvermögen. In Fällen der Organhaftung haftet ein Organ des Vereins selbst, z.B. der Vereinsvorstand mit seinem privaten Vermögen. Hier stellt sich die Frage, wer für besondere Vertreter des Vereins haftet. Wir wollen zudem thematisieren, wie der Verein für seine Vereinsmitglieder haftet und in welchen Fällen das Mitglied gegenüber dem Verein haftbar wird.

Außerdem wird zwischen der Haftung im Außenverhältnis und Innenverhältnis unterschieden. Es kann vorkommen, dass der Verein gegenüber Mitgliedern und Nichtmitgliedern unterschiedlich haftet.

III. FALLBEISPIELE

Nr.	Bezeichnung	O	F	H
1	Trikotwerbung		✘	✘
2	Vereinsförderung		✘	
3	Ausstellung einer Spendenbescheinigung		✘	✘
4	Neubau eines Vereinsheim nach einem Brand	✘	✘	✘
5	Spenden/Erbe		✘	
6	Straßenfest (fehlende Genehmigung)	✘		
7	Einladung zur Mitgliederversammlung	✘		
8	Satzungsänderung	✘		
9	Alkoholausschank auf Vereinsfesten	✘		✘
10	Körperverletzung			✘
11	Lebensmittel	✘		✘
12	Kreditaufnahme	✘	✘	✘
13	Verletzung der Aufsichtspflicht	✘		✘
14	Nutzung von Einrichtungen	✘		✘
15	Ausflug an den Baggersee	✘		✘
16	Haftungsausschluss	✘		✘
17	Schutz vor sexueller Gewalt	✘		✘

1. TRIKOTWERBUNG

Fallbeschreibung

Der Sportverein TSV Musterhausen hat in dieser Saison einen Unternehmer gefunden, der die Trikots der 1.Herrenmannschaft bezahlt und dafür sein Logo auf das Trikots gedruckt haben möchte. Der Unternehmer überweißt dem Sportverein 3.000 €. Der Sportverein kauft daraufhin die neuen Trikots und lässt das Logo des Unternehmers auf die Trikots bedrucken.

Problem/ Fragestellung

Handelt es sich hierbei um eine Spende oder um eine Sponsoring-Einnahme?

Wie sieht es mit der Steuerpflicht aus?

Fallbearbeitung

Die Spende an einen Verein ist in aller Regel nicht zu versteuern und der "Spender" kann die Spende beim Finanzamt absetzen. Es gibt jedoch drei Voraussetzungen, damit das so funktioniert.

1. Freiwilligkeit: Zunächst einmal muss die Spende immer freiwillig sein.

2. Keine Gegenleistung: Die Spende darf an keine Gegenleistung geknüpft sein.

3. Gemeinnützigkeit: Außerdem kann eine Spende nur dann beim Finanzamt abgesetzt werden, wenn diese ausschließlich für einen „gemeinnützigen Zweck" vorgesehen ist.

Das Sponsoring grenzt sich im Punkt der Gegenleistung von der Spende ab. Hier verlangt der Unternehmer eine Gegenleistung für seine Geld- oder Sachspende. Wirkt der Verein beispielsweise bei Werbemaßnahmen des Unternehmens mit, handelt es sich so um Sponsoring und nicht um eine Spende.

Bezogen auf unseren Fall bedeutet das, dass unser Unternehmer für seine 3.000 € eine Gegenleistung haben möchte. Und zwar, dass sein Logo für Werbezwecke auf die Trikots der 1.Herrenmannschaft gedruckt werden soll. Deshalb handelt es sich hierbei nicht um eine Spende, sondern um eine Sponsoring-Einnahme. Diese muss der Verein dem wirtschaftlichen Geschäftsbetrieb zuordnen und muss ggf. auch noch besteuert werden.

Gesetzliche Grundlagen

§ 10 b EStG - Steuerbegünstigte Zwecke

Beachte

- Wenn es um das Thema Spenden bzw. Sponsoring in einem Verein geht, sollte man bei unklaren Fällen stets einen Steuerberater, der sich im Vereinssteuerrecht auskennt, zur Hilfe nehmen.

Siehe hierzu auch:

- http://www.sportmarketing-sponsoring.biz/blog/spenden/spenden-verein-unternehmen/
- http://www.vereinsbesteuerung.info/leitfaden_spende.htm

2. VEREINSFÖRDERUNG

Fallbeschreibung

Der Karnevalsverein „Frohsinn" in Musterstadt zählt momentan 252 Mitglieder, davon 102 Jugendliche. Im Jahr 2015 ist für die Faschingszeit ein Prinzenball in der Stadthalle geplant. Zusätzlich fährt die Jugend zur Partnerstadt Musterhausen um sich mit dem dortigen Karnevalsverein zu treffen und gemeinsame Unternehmungen durchzuführen. Ein weiteres Highlight des Jahres, wird im Spätjahr das 50 jährige Jubiläum des Karnevalsverein „Frohsinn" am 11.11.15 sein. Dazu ist ab dem 11.11.15 eine einwöchige Feierwoche geplant.

Der Vorstand und die einzelnen Verantwortlichen (Jugendbetreuer, Festausschuss, Partnerstadtausschuss) sitzen nun zusammen und beratschlagen in welchen Bereichen Sie Förderungsberechtigt sind.

Problem/ Fragestellung

An wen wendet sich der Verein um zu erfahren ob es Vereinsfördermaßnahmen gibt?

Wo sind die Vereinsfördermaßnahmen geregelt?

Fallbearbeitung

Als Vereinsvorsitzender hat man sich zuerst einmal an die Gemeinde zu wenden. Wenn man dort seine direkten Ansprechpartner nicht kennt, hat jede Gemeinde eine Art „Zentrale" durch die man an die richtige Stelle weitergeleitet wird.

Der jeweilige Ansprechpartner kann einem im Normalfall genaue Auskunft über die Fördermaßnahmen in der eigenen Gemeinde geben. Meist sind die Vereinsfördermaßnahmen in „Vereinsförderrichtlinien" geregelt, diese darf jeder einsehen. Diese

Richtlinien, können nicht mit Satzungen verglichen werden. Die Richtlinien sind nicht vom Gemeinderat beschlossen.

Im Fall des Karnevalvereins „Frohsinn" von Musterstadt gibt es eine solche Vereinsförderrichtlinie. Diese besagt, dass die Jugend des Vereins jährlich gefördert wird, mit X Euro/Kind/Jahr. Im obigen Fall 102 * X Euro.

Zudem ist geregelt, dass jeder Verein einmal im Jahr die Stadthalle nutzen darf, unter den Voraussetzungen, dass die Veranstaltung eintrittsfrei und für alle zugänglich ist. Somit kann der Verein in der Stadthalle von Musterstadt einmal im Jahr den Prinzenball durchführen. Die Halle ist dabei kostenfrei.

Im Fall der Partnerstadtförderung wird dem Karnevalsverein 1/3 der Reisekosten, aber höchstens X Euro, erstattet.

Zudem bekommt der Verein zu seinem 50 jährigem Jubiläum eine Pauschale von X Euro.

Gesetzliche Grundlagen

Beachte

- Die Gemeinde darf die Vereinsförderrichtlinien nicht unter Verschluss lassen.
- Diese Richtlinie ist zwar vor Gericht nicht durchsetzbar, aber trotzdem kann ein Verein sich ggü. der Gemeinde darauf berufen. Der Verein sollte auch beobachten, was andere Vereine für Fördermaßnahmen bekommen, denn es gilt der Grundsatz der Gleichbehandlung.

3. AUSSTELLUNG EINER SPENDENBESCHEINIGUNG

Fallbeschreibung

Der gemeinnütziger Verein der Gemeinde Musterhausen, der für die Unterstützung eines Kinderheims Spielsachen verkauft, erhält von dem Spielhändler Bär Spielwaren im Wert von 500 €.

Mit dem Erlös möchte der Verein eine Bibliothek für das Kinderheim einrichten.

Der Verein hat eine Spendenbescheinigung für den Unternehmer ausgestellt.

Problem/ Fragestellung

Mit welchen Konsequenzen muss der Verein rechnen?

Fallbearbeitung

Im vorliegenden Sachverhalt handelt es sich nicht um eine unmittelbare Spende, die zur Wohlfahrt des Vereins führt, sondern die Spielwaren gehen in den wirtschaftlichen Geschäftsbetrieb über. Hinzu kommt, dass die Erlöse des Verkaufs der Bücher versteuert werden müssen (Umsatz-, Körperschafts- und Gewerbesteuerpflicht). Somit wird der Betrag der Spende verringert und kann erst dann dem Kinderheim zufließen.

Die Verwendungen der Erlöse im gemeinnützigen Bereich ermächtigen den Verein jedoch nicht zur Ausstellung von Spendenbescheinigungen.

Zweck der Spendenquittung ist, dass diese bei dem Finanzamt vorgelegt wird. Mit dieser Bescheinigung kann das Unternehmen, in diesem Fall der Spielwarenhändler, Steuervergünstigungen erhalten.

Im Falle einer unzulässigen Spendenbescheinigung, die vom Finanzamt nicht akzeptiert wird, kann der der Spielwarenhändler diesen Betrag als Sonderausgaben anzeigen.

Die Konsequenz ist zu Lasten des Vereins: Der Verein muss den Ersatz, also den Steuervorteil, dem Finanzamt zurückerstatten, dies sind etwa 30 % der Spende.

Da der Spielhändler Bär 500 € gespendet hat, muss der Verein 150 € an das Finanzamt zahlen.

Des Weiteren ist eine Haftungsgebühr von rund 15 % für die entgangene Gewerbesteuer zu entrichten, da die Spende von einem Selbstständigen oder Gewerbetreibenden stammt. Dies wären laut Sachverhalt 75 €.

Insgesamt müsste also der Verein 225 € an das Finanzamt überweisen, hat also nur noch eine Spende von 275 € von den einst 500 €.

Da der Vorstand diese Problematik bei der Ausstellung verursacht, besteht die Möglichkeit, dass die Mitglieder das Geld von diesem bei Fahrlässigkeit oder Vorsatz zurückfordern können.

Gesetzliche Grundlagen

§ 10b EStG - Steuerbegünstigende Zwecke

§ 50 ESTDV - Zuwendungsnachweis

Beachte

- Um eine Bescheinigung ausfertigen zu können, muss die Spende in den gemeinnützigen Bereich gehen, d.h. nicht in den wirtschaftlichen Geschäftsbetrieb
- Die Spendenquittung muss nach der amtlich vorgeschriebenen Vorlage ausgestellt werden
- Die Bescheinigung muss von der nach Satzung vorgeschriebenen Person unterschrieben werden
- Es ist eine Kopie von der Spendenbescheinigung aufzubewahren
- Die Spendenquittung darf nicht größer als DIN A4 sein
- Es darf keine Gegenleistung von dem Verein erfolgen, sowie muss die Spende freiwillig sein
- Die Art der Spende muss angegeben sein (Sachspende, Geldspende, etc.)

Siehe hierzu auch:

- http://www.vereinsbesteuerung.info/leitfaden_spende.htm
- http://www.steuer-schutzbrief.de/steuertipp-rubriken/steuer-tipps/artikel/neue-spendenbescheinigung-ab-20122013.html

Aussteller (Bezeichnung und Anschrift der inländischen juristischen Person des öffentlichen Rechts oder der inländischen öffentlichen Dienststelle)

Bestätigung über Geldzuwendungen
im Sinne des § 10b des Einkommensteuergesetzes an inländische juristische Personen des öffentlichen Rechts oder inländische öffentliche Dienststellen

Name und Anschrift des Zuwendenden

Betrag der Zuwendung - in Ziffern -	- in Buchstaben -	Tag der Zuwendung:

Es wird bestätigt, dass die Zuwendung nur zur Förderung (Angabe des begünstigten Zwecks / der begünstigten Zwecke)

verwendet wird.

Die Zuwendung wird

☐ von uns unmittelbar für den angegebenen Zweck verwendet

☐ entsprechend den Angaben des Zuwendenden an .... weitergeleitet, die/der vom Finanzamt .... StNr .... mit Freistellungsbescheid bzw. nach der Anlage zum Körperschaftsteuerbescheid vom .... von der Körperschaftsteuer und Gewerbesteuer befreit ist.

☐ entsprechend den Angaben des Zuwendenden an .... weitergeleitet, die/der vom Finanzamt .... StNr .... mit vorläufiger Bescheinigung (gültig ab:...........) vom .... als steuerbegünstigten Zwecken dienend anerkannt ist.

(Ort, Datum und Unterschrift des Zuwendungsempfängers)

Hinweis:
Wer vorsätzlich oder grob fahrlässig eine unrichtige Zuwendungsbestätigung erstellt oder wer veranlasst, dass Zuwendungen nicht zu den in der Zuwendungsbestätigung angegebenen steuerbegünstigten Zwecken verwendet werden, haftet für die entgangene Steuer (§ 10b Abs. 4 EStG, § 9 Abs. 3 KStG, § 9 Nr. 5 GewStG).

Nur in den Fällen der Weiterleitung an steuerbegünstigte Körperschaften im Sinne von § 5 Abs. 1 Nr. 9 KStG:
Diese Bestätigung wird nicht als Nachweis für die steuerliche Berücksichtigung der Zuwendung anerkannt, wenn das Datum des Freistellungsbescheides länger als 5 Jahre bzw. das Datum der vorläufigen Bescheinigung länger als 3 Jahre seit Ausstellung der Bestätigung zurückliegt (BMF vom 15.12.1994 - BStBl I S. 884)

4. NEUBAU EINES VEREINSHEIM NACH EINEM BRAND

Fallbeschreibung

Der Sportverein der Gemeinde Musterhausen (350 Mitglieder) hat ein Vereinsheim mit einem großen Versammlungsraum, einer Küche, einem Gemeinschaftsraum, zwei Umkleiden, zwei Duschräume, einem Büro für die Vorstandschaft, Sanitäranlagen und diversen Lagerräumen. Auf dem Dach befindet sich eine Solaranlage. Das Gebäude geriet durch grobe Fahrlässigkeit des Vereinsmitglieds X in Brand. X war zuständig für den Unterhalt des Vereinsheims, speziell für die technischen Anlagen. Die Vorstandschaft hielt ihn aufgrund seines Berufs als Elektriker für geeignet. Diese Aufgabe wurde X gemäß der Vereinssatzung des Sportvereins übertragen.

X hatte bei der monatlichen Routinekontrolle der Solaranlage, welche auf dem Dach installiert war, eine Stelle am Hauptleitungskabel entdeckt, bei welcher die Isolation schadhaft war. Trotz seiner Qualifikationen hat er nichts unternommen um den Schaden zu beheben und weitere Schäden zu vermeiden. Durch Wassereintritt kam es an der betroffenen Stelle zu einem Kurzschluss und das Gebäude geriet in Brand.

Infolge des Feuers musste das Vereinsheim abgerissen werden und soll nun komplett neu gebaut werden.

Problem/ Fragestellung

Vorliegend ist zu klären, wer für den entstandenen Schaden haftet. Hierbei handelt es sich um eine Haftungsfrage. Da der Neubau eines Vereinsheims einen hohen finanziellen Aufwand darstellt ist vorab zu klären wie dieser bewältigt werden soll und woher der Verein weitere finanzielle Mittel herbekommt. Dies betrifft vorliegend den Bereich der Finanzierung. Ein weiteres Problem stellt die Mitarbeit der Vereinsmitglieder dar. Fraglich ist, inwieweit diese, speziell die minderjährigen Mitglieder, in den Wiederaufbau des Vereinsheims integriert sein dürfen.

Fallbearbeitung

Da X unentgeltlich für den Verein tätig war haftet er gem. §31b BGB für den Schaden, den er bei der Wahrnehmung der, durch Satzung ihm übertragenen Aufgaben, durch grobe Fahrlässigkeit verursacht hat. Davon ausgegangen, dass X eine ausreichende Haftpflichtversicherung hat, wird der Schaden in Höhe von rund 450.000,00 € von der Versicherung übernommen. Der Neubau des Vereinsheims kostet jedoch 50.000,00 € mehr. Diese muss der Verein selbst aufbringen.

Hierbei hat er diverse Möglichkeiten finanzielle Mittel zu beschaffen. Es wird zugrunde gelegt dass der Verein Anfang des Jahres einen Zuschuss von der Gemeinde Musterhausen in Höhe von 20.000,00€ für die Sanierung der Küche und der Duschräume bekommen hat. Dieser kann auch für den Neubau des Vereinsheims genutzt werden. Weiterhin bekommt der Sportverein von den ortsansässigen Unternehmen Spenden in Höhe von 20.000,00€ für den Wiederaufbau des Gebäudes. Die letzten 10.000,00€ muss der Verein selbst aufbringen. Als Möglichkeit hierfür käme die Erhöhung der Mitgliedsbeiträge in Betracht. Gem. §58 Nr. 2 BGB soll in der Satzung bestimmt sein ob und welche Beiträge die Mitglieder zu leisten haben. Jedoch ist die Höhe der Beiträge nicht in der Satzung geregelt, da ansonsten bei jeder Änderung des Beitrags eine Satzungsänderung vorgenommen werden muss. Diese müsste in das Vereinsregister eingetragen werden (§71 BGB). Generell wird es so geregelt, dass ein Organ des Vereins (Vorstand, Mitgliederversammlung, etc.) die Höhe der Beiträge festsetzt. Wird diese Entscheidungsgewalt der Mitgliederversammlung übertragen, so wird eine mögliche Beitragserhöhung mit einfacher Mehrheit beschlossen. Kommt es jedoch zu einer drastischen Erhöhung des Beitrags, die speziell für die finanziell schwächer gestellten eine erhebliche Härte darstellt, so bedarf es der für Satzungsänderungen nötigen Dreiviertelmehrheit der erschienenen Mitglieder (§33 Abs. 1 S. 1 BGB). [1]

Eine solche Finanzierungsmöglichkeit könnte auch in Form einer einmaligen Umlage geschaffen werden. Diese muss in der Satzung des Vereins geregelt sein. [2]

Für den vorliegenden Fall bedeutet dies, dass die 350 Mitglieder des Vereins im laufenden Jahr eine Beitragserhöhung von 20,00 € zu verkraften haben um die restlichen 10.000,00 € die für den Wiederaufbau des Vereinsheims notwendig sind zu erwirtschaften. Da eine Erhöhung von bisher 10,00 € auf einmalig 30,00 € keine erhebliche Härte darstellt, reicht in einer Mitgliederversammlung eine einfache Mehrheit aus um die Beitragserhöhung festzustellen. Somit kann der Verein den Neubau des Vereinsheimes finanzieren und damit beginnen.

Sobald mit dem Wiederaufbau begonnen wird, hat der Verein auch die Möglichkeit Geld zu sparen indem die Vereinsmitglieder mithelfen. Speziell Mitglieder die im handwerklichen Bereich tätig sind können ihren Verein so unterstützen. Bei erwachsenen Mitgliedern ist hierbei nicht auf eine Beschränkung der Arbeitszeiten und der Art der Tätigkeit zu achten. Fraglich ist jedoch, inwieweit die minderjährigen Mitglieder des Vereins in den Wiederaufbau involviert sein dürfen. Die Erziehungsberechtigten müssen in diesem Fall der Mitwirkung beim Neubau zustimmen. Die Aufsichtspflicht obliegt hierbei den dafür bestimmten Personen. Gem. §832 BGB hat der Aufsichtspflichtige dem Geschädigten der durch ein minderjähriges Mitglied einen Schaden erlitten hat Schadenersatz zu zahlen.

---

[1] Sauter, 2010, S. 71f
[2] Riedmeyer, 2008, S. 21

> Erleidet ein minderjähriges Vereinsmitglied einen Schaden so haftet der Aufsichtspflichtige gem. § 823 BGB. [3]

Gesetzliche Grundlagen

§ 31 BGB - Haftung von Vereinsmitgliedern

§ 33 BGB - Satzungsänderung

§ 58 BGB - Sollinhalt der Vereinssatzung

§ 71 BGB - Änderung der Satzung

§ 823 BGB - Schadenersatzpflicht

§ 832 BGB - Haftung des Aufsichtspflichtigen

Beachte

- Vereinsheime sollten immer ausreichend versichert sein!
- Stellen Sie sicher, dass die Mitglieder die ihnen übertragenen Aufgaben zuverlässig ausführen.
- Das Vier-Augen-Prinzip hilft schwerwiegende Schäden zu vermeiden.

---

[3] Riedmeyer, 2008, S. 52

5. SPENDEN / ERBE

Fallbeschreibung

Der Vogelverein in Musterhausen hat von einem wohlhabenden Besucher, Herr Stinkreich, der Kanarienschau in diesem Jahr 500 Euro gespendet bekommen. Zur gleichen Veranstaltung, hat die ansässige Brauerei „Musterbräu" für die diesjährige Kanarienschau 5 Fässer Bier gespendet. Zusätzlich gibt es bei der Kanarienschau eine Tombola, hierzu wurden viele Sachspenden eingesammelt, das Nagelstudio „Beautynail" hat allerdings anstelle der alljährlichen Nagelpflegesets 5 Gutscheine gespendet und alle möchten nun eine Spendenbescheinigung.

Hermann Alt, Ehrenmitglied des Vogelvereins in Musterhausen, ist leider verstorben. Er hat sein gesamtes Vermögen von 500.00 Euro dem Verein vererbt. Dies hat er in einem notariell beglaubigten Testament festgehalten. Herr Alt hat einen Sohn, seine Frau ist bereits vor 10 Jahren verstorben. Der Vogelverein war ihm sehr wichtig. Sein Sohn Paul Alt ist nicht sehr begeistert von der Nachricht, dass er komplett aus dem Erbe heraus genommen wurde. Er glaubt, dass dies gerichtlich nicht durchsetzbar ist und beansprucht das gesamte Erbe für sich.

Problem/ Fragestellung

Darf der Vogelverein in Musterhausen allen Spendern eine Spendenbescheinigung aushändigen?

Ist es möglich den Verein als alleinigen Erben einzusetzen? Muss dieser Betrag versteuert werden?

Fallbearbeitung

Der Vogelverein darf dem Herrn Stinkreich eine Spendenbescheinigung aushändigen, da es sich dabei um 500 Euro, also um eine Geldspende handelt.

Bei der Spende in Form von 5 Fässern Bier, darf der Verein keine Spendenbescheinigung ausstellen, da das Bier im wirtschaftlichen Geschäftsbetrieb genutzt wird. Anders wäre es hier, wenn die Brauerei dem Verein das Bier zu einem angemessenen Preis verkauft hätte und das Geld anschließend spendet.

Sachspenden, wie bei der Tombola, sind mit dem Verkehrswert an zusetzten, hier ist also eine Spendenbescheinigung auszustellen. Dieser Verkehrswert muss der Spender allerdings anhand von Belegen nachweisen.

Wenn der gespendete Gutschein nur im Betrieb, der ihn auch gespendet hat, eingelöst werden kann, darf keine Spendenbescheinigung ausgestellt werden, da es hier eine Werbewirkung gibt.

Herr Paul Alt ist Pflichtberechtigte® nach § 2303 I BGB, damit hat er das Recht auf den Pflichtteil des Erbes. Er als Pflichtberechtigter kann diesen Pflichtteil ggü. dem Erben, also dem Vogelverein, verlangen. Der Pflichtteil beträgt die Hälfte des Wertes des gesetzlichen Erbteils. Im vorliegenden Fall hätte ihm die Hälfte des Erbes zugestanden, somit beträgt sein Pflichtteil also die Hälfte des gesetzlichen Erbteils und damit insgesamt 125.00 Euro. Der Vogelverein in Musterhausen erbt somit 375.00 Euro.

Das Erbe des Vereins ist nach § 13 I Nr. 17 ErbStG steuerfrei.

Falls es doch zu versteuern ist, ist es nach § 19 I ErbStG 30 % des steuerpflichtigen Erwerbs, hier also 30 % von 375.000 Euro. Die abzuführende Steuer wären hier 112.500 Euro.

Gesetzliche Grundlagen

§§ 1924 ff BGB - Erbfolge

§1937 BGB - Erbeinsetzung durch letztwillige Verfügung

§ 1942 BGB - Erbvertrag

§ 2303 BGB - Pflichtteilberechtigte; Höhe des Pflichtteils

§ 13 ErbStG - Steuerbefreiung (Erbschaftssteuer- und Schenkungssteuergesetz)

Beachte

- Die Spenden, die einem Verein zufließen unterliegen nicht der Besteuerung.
- Eine Spendenbescheinigung darf nur ausgestellt werden, wenn die Spende beim Spender nicht steuerlich ist. Dazu muss die Spende freiwillig sein, der Verein darf keine Gegenleistung dafür erbringen und die Spende muss in den gemeinnützigen Bereich fließen, also nicht in den wirtschaftlichen Geschäftsbetrieb oder im Bereich der Vermögensverwaltung eingesetzt werden soll.
- Spenden werden in Geldspenden und Sachspenden gegliedert.
- Es ist eine Geldspende, wenn der Spender tatsächlich Geld dem Verein zukommen lässt. Unter die Geldspende zählt auch die Aufwandsspende, dies liegt im Verzicht von Tätigkeitsvergütung oder Aufwandsersatz vor.
- Bei der Sachspende muss in der Spendenbescheinigung angegeben werden ob die Spende aus dem Privatvermögen oder dem Betriebsvermögen stammt.
- Ein Erbe muss nicht unbedingt eine natürliche Person sein, sonder es kann auch eine juristische Person des Privatrecht sein, also auch ein eingetragener Verein.
- Nach dem BGB gibt es eine gesetzliche Erbfolge, jedoch nur wenn es keine willkürliche Erbfolge (geregelt im Testament oder

im Erbvertrag) gibt. Allerdings gibt es Pflichtteilberechtigte, diese Personen können den Pflichtteil (Mindestbeteiligung) verlangen. Der Pflichtteil ist die Hälfte des gesetzlichen Erbteils (§ 2303 I 2 BGB).

6. STRAßENFEST (FEHLENDE GENEHMIGUNG)

Fallbeschreibung

Der Sportverein Musterhausen e.V. veranstaltet am 01. Mai ein Straßenfest in der Stadt Musterhausen.

Um für eine gute Stimmung zu sorgen, organisieren sie noch einen DJ.

Problem/ Fragestellung

Der Sportverein hat vergessen eine Sondernutzungserlaubnis zu beantragen und hat den DJ nicht bei der GEMA angemeldet.

Fallbearbeitung

Findet ein Fest auf einer öffentlichen Straße statt, muss der Verein eine Sondernutzungserlaubnis beantragen (vgl. § 16 StrG). Macht er dies nicht, kann die zuständige Behörde das Fest beenden. Außerdem ist es wichtig, dass die Straße ordnungsgemäß abgesperrt wird.

Nach dem Urheberrechtswahrnehmungsgesetz ist die Gesellschaft für musikalische Aufführungs- und mechanische Vervielfältigungsrechte (**GEMA**) verpflichtet, jeder Nutzung urheberrechtlich geschützter Musik nachzugehen. Spielt jemand ohne eine Anmeldung öffentlich Musik ab, liegt ein rechtswidriger Eingriff in das geistige Eigentum vor. Die Folge ist die Verpflichtung von Schadensersatzzahlungen. Die GEMA kann das Doppelte der normalerweise angelegten Vergütungssätze verlangen (vgl. § 97 Urheberrechtsgesetz), daher ist es wichtig, die Musikdarbietung immer anzumelden. Dazu gibt es verschiedene Anmeldeformulare, die man ausfüllen muss.

Gesetzliche Grundlagen

§ 16 Straßengesetz - Sondernutzung

§ 97 Urheberrechtsgesetz - Anspruch auf Unterlassung und Schadensersatz

Beachte

- Für Vereine, die solche öffentliche Veranstaltungen durchführen, wäre es von Vorteil, eine Checkliste zu erstellen, um so die wichtigen Genehmigungen nicht zu vergessen.

Nachfolgend ein GEMA-Anmeldeformular als Beispiel.

Fragebogen

GEMA

Bitte wählen Sie die für Sie zuständige Bezirksdirektion:

Hier auswählen! ▾

▸ Bezirksdirektionssuche im Internet

Ihre Kundennummer

Musiknutzungen bei Stadt- und Straßenfesten u. ä. Veranstaltungen im Freien

Angaben zum Veranstalter

| Anrede | Name/Verein/Gesellschaft | Vorname |

| bei Gesellschaften oder Vereinen * | | Geburtsdatum |

| Straße/Nr. | PLZ/Ort |

| Telefon | Telefax | Mobil |

| E-Mail | Internetseite |

| Registergericht | Register-/Vereinsregisternummer |

| Verbandsmitgliedschaft** | seit | Mitgliedsnummer |

| Name des Mitveranstalters |

*Vor- und Zuname der Vertretungsberechtigten   ** z.B. DEHOGA

Privatanschrift

| Straße/Nr. | PLZ/Ort |

Rechnungsanschrift

| Anrede | Name | Vorname |

| Straße/Nr. | PLZ/Ort |

Angaben zur Veranstaltung

| Bezeichnung der Veranstaltung |

| Art der Veranstaltung (z.B. Stadtfest, Altstadtfest, Marktstraßenfest etc.) |

Stand 24.07.2014

Seite 1 von 2

Musiknutzungen bei Stadt- und Straßenfesten

Ihre Kundennummer

Angaben zu den Veranstaltungsflächen

Straßen- bzw. Platzbezeichnung	Veranstaltungsfläche		
	Länge in Metern *	Breite in Metern *	Gesamtfläche m²
	m	m	m²
	m	m	m²
	m	m	m²
	m	m	m²
	m	m	m²
	m	m	m²
	m	m	m²
	m	m	m²

* Die Länge ist jeweils gemessen vom 1. bis zum letzten Stand anzugeben, die Breite ist jeweils von Häuserwand zu Häuserwand anzugeben.

Veranstaltungstage

Datum	Uhrzeit (von - bis)	Eintrittsgeld o. sonst. Kostenbeitrag (jeweils Höchstbetrag)	Musik erfolgt duch
		€	☐a ☐b ☐c ☐d ☐e ☐f
		€	☐a ☐b ☐c ☐d ☐e ☐f
		€	☐a ☐b ☐c ☐d ☐e ☐f
		€	☐a ☐b ☐c ☐d ☐e ☐f
		€	☐a ☐b ☐c ☐d ☐e ☐f
		€	☐a ☐b ☐c ☐d ☐e ☐f

a) Musiker/Sänger
b) CD-/MP3-/MC-Player/PCs u.ä. mit Selbstaufnahmen
c) CDs/MCs ohne Selbstaufnahmen
d) Video-/DVD-Player mit Selbstaufnahmen
e) Video-/DVD-Player ohne Selbstaufnahmen
f) Wiedergabe von Fernsehsendungen

Musikumzüge

Datum des Umzuges	Veranstaltungsort	Kapellen (Anzahl)	Spielmannszüge (Anzahl)	Lautsprecherwagen (Anzahl)	Lautsprecherwagen an der Zugstrecke (Anzahl)

Hinweis: Sollten bei der Veranstaltung Musiker mitwirken, senden Sie uns bitte eine Aufstellung (Musikfolge) über die gespielten Werke zu (§13 b UrhWG):

www.gema.de/musikfolgen

Bitte reichen Sie einen Lageplan und ein Festprogramm mit dieser Anmeldung mit ein.

Ort

Datum

Unterschrift

7. EINLADUNG ZUR MITGLIEDERVERSAMMLUNG

Fallbeschreibung

Der Faschingsverein MusterTrunkenbolde e.V. aus Musterhausen lädt zu seiner ordentlichen Mitgliederversammlung (im folgenden MV) ein. Die Satzung des Vereins schreibt hier Textform vor; Zuständig ist der Vorstand. Der technikversierte Vorstand wählt hierfür den Online-Weg per E-Mail. Er versendet die Einladung fristgerecht im Email-Verteiler des Vereines und teilt den Empfängern den Ort sowie Zeitpunkt und Tagesordnung der Versammlung mit.

Einige langjährige Mitglieder des Vereins, wie Opa Klaus, Oma Gertrud, deren Enkel Tom und Jerry, sowie Tante Inge und noch einige Mitglieder haben allerdings keine Emailadresse. Sie haben keine Möglichkeiten diese Email zu erhalten. Dem Vorstand ist dies normalerweise auch bekannt. Er vergisst allerdings diesen Mitgliedern einen Brief einzuwerfen. Mitteilungen auf der Homepage, in der Tagespresse oder dem Gemeindeblatt wurden auch nicht veröffentlicht.

Problem/ Fragestellung

Sind die auf der Mitgliederversammlung gemachten Beschlüsse wirksam?

Fallbearbeitung

Zuständig für die Einberufung zur MV ist laut Gesetz grundsätzlich der Vorstand. Hier durch Satzung der Vorstand. Dies ist hiergegeben.

Das Vereinsrecht enthält keine Vorschrift, in welcher Form die MV einzuberufen ist. Die Form soll aber nach § 58 Nr. 4 BGB festgelegt werden. Hier wurde Schriftform festgelegt.

Auf jeden Fall muss die Einladung so erfolgen, dass jedes Mitglied die Möglichkeit zur Kenntnisnahme der Versammlung hat, ohne selbst besondere Bemühungen anzustellen. Somit kommen einfacher Brief oder Rundschreiben an alle Mitglieder in Frage.

Inzwischen wird auch Email als zulässig angesehen. Jedoch nur wenn alle Mitglieder die technischen Voraussetzungen haben. Dies ist hier schon mal nicht der Fall

Im oben genannten Fall hat es der Vorstand zweifelsfrei versäumt alle Mitglieder des Vereins einzuladen. Eine Nichteinladung stimmberechtigter Mitglieder liegt demnach vor.

Laut Rechtsprechung sind Beschlüsse auch ohne Rüge nichtig, bei denen Verstöße gegen Bestimmungen, die dem gemeinschaftlichen Interesse der Mitglieder an einer rechts- und ordnungsgemäßen Willensbildung dienen, vorliegen.

Bei einer Nichteinladung liegt dies vor.

Ein nichtiger Beschluss der MV erzielt keinerlei Rechtswirkung. Auch nachträglich kann keinerlei Wirksamkeit eintreten.

Somit sind die in diesem Fall erzeugten Beschlüsse auf der MV nichtig.

[Vgl. der eingetragene Verein 19. Auflage. Seite 97 u. 98 ; Seite 124 - 126]

Gesetzliche Grundlagen

§ 32 Abs. 1 BGB - Mitgliederversammlung

§ 40 BGB - Nachgiebige Vorschriften

Beachte

- Nach Rechtsprechung kann trotz Nichteinladung stimmberechtigter Mitglieder ein auf der Mitgliederversammlung beschlossene Bestimmung oder eine Wahl dennoch wirksam sein. Dazu muss der Verein nachweisen, dass die Wahl oder Bestimmung nicht auf diesem Mangel Beruht. Dieser Nachweis wird allerdings kaum zu erbringen sein.

8. SATZUNGSÄNDERUNG

Fallbeschreibung

> Der Faschingsverein MusterTrunkenbolde e.V. aus Musterhausen mit annähernd 150 Mitgliedern lädt frist und - formgerecht zur Mitgliederversammlung ein. Die Versammlung ist also ordnungsgemäß einberufen. Thema u.a. ist eine Satzungsänderung, welche in der Tagesordnung durch eine Gegenüberstellung des alten sowie neuen Wortlautes der zu ändernden Regelungen bezeichnet wird. In der Satzung des Vereines sind keine abweichenden Bestimmungen zu satzungsändernden Beschlüssen enthalten.
>
> Zur Mitgliederversammlung erscheinen dann neben dem Vorstand lediglich die Mitglieder Opa Rainer, Oma Hannelore und Tante Inge.
>
> Bei der Abstimmung über die Satzungsänderung ist Tante Inge dagegen. Sie ist überhaupt nicht damit einverstanden. Die andren drei Mitglieder stimmen für die Änderung.
>
> Mit entsprechender Niederschrift soll die Änderung im Vereinsregister eingetragen werden.

Problem/ Fragestellung

> Tante Inge fragt sich, ob die Satzungsänderung wirksam werden würde, da bei der Abstimmung nur so wenige Mitglieder anwesend waren.

Fallbearbeitung

Es ist normal im Vereinsleben, dass die Satzung an neue Gegebenheiten angepasst werden muss. Eine solche Änderung ist dementsprechend auch möglich § 33(1) BGB.

Zuständig ist grundsätzlich die Mitgliederversammlung. Wie im Fall oben beschrieben, wurden keine Änderungen nach §40BGB in der Satzung vorgenommen. Die erforderlichen gesetzlichen Förmlichkeiten, insbesondere die der Einladung zur Mitgliederversammlung und Beschlussfähigkeit dieser ,wurden gewahrt. Auch an der Mitteilung der Tagesordnung gibt es nichts zu beanstanden.

Knackpunkt in diesem Fall ist, ob die vorhandene Mehrheit zum Beschluss einer Satzungsänderung vorhanden war.

An der gesetzlichen Regelung wonach eine 3/4 Mehrheit der abgegebenen Stimmen benötigt wird, wurde nichts in der Satzung geändert. Somit gilt in diesem Fall die 3/4 Mehrheit der abgegebenen Stimmen. Die Mehrheit wird daher nur anhand der gültigen Ja - und Nein - Stimmen errechnet. Wie im Fall beschrieben gab es 3 Ja - Stimmen und eine Nein - Stimme. Damit ergibt sich eine 3/4 Mehrheit für die Satzungsänderung.

[vgl. Der eingetragene Verein 19. Auflage Rd.-Nr. 135]

Die Änderung könnte somit trotz nur 4 anwesender Mitglieder wirksam in das Vereinsregister eingetragen werden. Tante Inge müsste sich also mit der Satzungsänderung anfreunden.

Gesetzliche Grundlagen

§ 32 BGB - Mitgliederversammlung ; Beschlussfassung

§ 33 BGB - Satzungsänderung,

§ 36 BGB - Berufung der MV,

§ 40 BGB - Nachgiebige Vorschriften

Beachte

- Hier wurde lediglich der Grundfall ohne jegliche Veränderung durch entsprechende Satzungsregelungen dargestellt.
- Nach § 40 BGB kann die Satzung auch dahingehend geändert werden, dass andere Mehrheiten erforderlich sind. Die gesetzlichen Regelungen können demnach verschärft oder gelockert werden.

9. ALKOHOLAUSSCHANK AUF VEREINSFESTEN

Fallbeschreibung

I. Der Turnverein von Musterhausen will zum 100-jährigen Bestehen in Musterhausen ein öffentliches Vereinsfest veranstalten. Dabei sollen auch Bier, Wein und Spirituosen ausgeschenkt werden. Der Gewinn soll in die Vereinskasse fließen.

II. Im Laufe der Veranstaltung greift die Polizei einen volltrunkenen 15-jährigen auf. Dieser wird mit Verdacht auf Alkoholvergiftung ins Krankenhaus gebracht. Laut Zeugenaussagen hat er an den Getränkeständen mehrfach alkoholische Getränke erhalten, ohne dass von ihm ein Altersnachweis verlangt wurde.

Problem/ Fragestellung

I. Was gilt es zu beachten, wenn auf einem Vereinsfest Alkohol ausgeschenkt und damit auch Gewinn erzielt werden soll?

II. Wer haftet bei Nichtbefolgen von gesetzlichen Vorschriften?

Fallbearbeitung

I. Wer ein Gaststättengewerbe (mit Gewinnerzielungsabsicht) betreiben will, benötigt grundsätzlich eine Genehmigung (§ 2 GastG). Aus den Ausnahmen dieses Grundsatzes ergibt sich, dass, wenn Alkohol ausgeschenkt werden soll, eine Genehmigung erforderlich ist. Da es sich bei einem Vereinsfest nur um eine zeitlich beschränkte Veranstaltung handelt, ist eine sog. „Gestattung" ausreichend (§ 12 GastG). Diese kann zu einem besonderen Anlass (z. B. Vereinsfest) vorübergehend auf Widerruf erteilt werden. In diesem Fall wäre der Antrag auf Gestattung bei der Gemeinde Musterhausen zu stellen. Der Antrag muss dabei nicht zwingend durch den Vereinsvorsitzenden gestellt werden, er kann jedoch als

„Verantwortlicher" eingetragen werden. Wenn sowohl alkoholische als auch alkoholfreie Getränke ausgeschenkt werden sollen, darf mindestens ein alkoholfreies Getränk nicht teurer sein als das billigste alkoholische Getränk.

Des Weiteren gilt es natürlich das Jugendschutzgesetz zu beachten. Grundsätzlich gilt, dass Bier und Wein nicht an Jugendliche unter 16 Jahren verkauft werden dürfen, Spirituosen und entsprechende Mischgetränke nicht an Jugendliche unter 18 Jahren (§ 9 JuSchG). Dieser Grundsatz gilt entsprechend auch für den Konsum von alkoholischen Getränken. Minderjährige müssen auf Verlangen auch einen Altersnachweis erbringen. Die genannten Altersgrenzen sind auf Veranstaltungen gut sicht- und lesbar bekannt zu machen. Zudem dürfen Jugendliche selbst nur den Alkohol ausschenken, den sie selbst konsumieren dürfen und nur, wenn sie dabei von einem Erwachsenen beaufsichtigt werden (dieser haftet bei Verletzung der Aufsichtspflicht).

II. Das Nichtbefolgen der gesetzlichen Altersgrenzen für den Kauf von alkoholischen Getränken stellt eine Ordnungswidrigkeit dar (§ 28 JuSchG). Derjenige, der dem Jugendlichen den Alkohol verkauft hat, handelte somit ordnungswidrig, weswegen ihm eine Geldbuße auferlegt werden kann.

Des Weiteren kann das Ausschenken von Alkohol an Jugendliche in größeren Mengen (wie in diesem Fall) aber auch als Straftat nach § 224 StGB Abs. 1 Nr. 1, also als Körperverletzung betrachtet werden. Der Begriff „gesundheitschädliche Stoffe" schließt in diesem Fall Alkohol in größerer Menge mit ein. „Beibringung" bedeutet hierbei, dass der gesundheitsschädliche Stoff so mit dem Körper in Verbindung gebracht wird, dass sich die schädliche Wirkung entfalten kann.

Der Verantwortliche haftet in diesem Fall nach § 823 BGB auf Schadensersatz. Eine Rechtsgutverletzung liegt hier vor, da die Gesundheit des Jugendlichen beeinträchtigt wurde. Die

Rechtswidrigkeit der Handlung wird dabei durch die Rechtsgutverletzung induziert. Fraglich ist nur der Punkt des Verschuldens, da man davon ausgehen kann, dass derjenige, der alkoholische Getränke verkauft, die Jugendschutzbestimmungen kennen muss (vor allem da diese allgemein bekannt sind). Somit kommt hier grobe Fahrlässigkeit, wenn nicht sogar Vorsatz in Frage. Hier stellt sich auch die Frage, ob den Organisator, also den Turnverein Musterhausen, ein Mitverschulden trifft, wenn die beim Ausschank tätigen Personen nicht explizit auf die Durchsetzung der Jugendschutzbestimmungen hingewiesen wurden. Eventuell muss auch § 831 BGB geprüft werden.

Gesetzliche Grundlagen

Zu I.:

Rechtsgrundlage für die Gestattung: § 12 Gaststättengesetz (GastG)

Weitere: §§ 1, 2, 6 GastG

Rechtsgrundlage für die Altersgrenzen bei Verkauf von Alkohol: § 9 Jugendschutzgesetz (JuSchG)

Weitere: §§ 1, 2, 3 JuSchG

Zu II.:

Rechtsgrundlage für die Ordnungswidrigkeit: § 28 Abs. 1 Nr. 10 JuSchG

Weitere: §1 Gesetz über Ordnungswidrigkeiten (OWiG)

Rechtsgrundlage für die Haftung: § 823 Abs. 1 BGB

Weitere: § 224 Abs.1 Nr.1 StGB, § 831 BGB

Beachte

- Der Baden-Württembergische Landesverband für Prävention und Rehabilitation empfiehlt, auf Veranstaltungen einen Jugendschutzbeauftragten zu bestellen, der auf die Durchsetzung des Jugendschutzgesetzes achtet.
- Das Ministerium für Arbeit und Sozialordnung Baden-Württemberg empfiehlt, beim Ausschank/Verkauf von alkoholischen Getränken, ganz auf den Einsatz von Minderjährigen zu verzichten.
- Außerdem gibt es auch für den Betrieb von Schankanlagen verschiedene gesetzliche Richtlinien.

Siehe hierzu auch:

- www.freinsheim.de/upload/dateien/INFOBLATT%20Gestattung. pdf
- http://www.ajs-bw.de/media/files/aktuell/2011/ajs_SM-Alkverkauf_Jugendliche.pdf
- http://www.recht-in.de/kommentar/_gefaehrliche_koerperverletzung_paragraph_224_stgb_strafgesetzbuch_kommentar_79.html

10. KÖRPERVERLETZUNG

Fallbeschreibung

Der vom Sportverein SV Musterhausen e.V. gepachtete Fußballplatz der Gemeinde Musterhausen ist umrandet von einem Maschendrahtzaun. Dieser wurde in der Vergangenheit aufgrund von Vandalismus an einigen Stellen beschädigt. Teilweise sind nur noch einzelne Spanndrähte vorhanden.

Bei einem Spiel wird ein geschossener Ball nicht vom Zaun aufgehalten, sodass der Spieler Max Mustermann hinterher eilt, um den Ball zu holen. Dabei ist er nur auf den Ball fokussiert und achtet nicht auf den beschädigten Zaun. In der Folge läuft er mit dem Hals gegen einen der einzelnen Spanndrähte und erleidet schwere Verletzungen.

Problem/ Fragestellung

Gibt einen für Max Mustermann berechtigten Anspruch auf Schmerzensgeld gegenüber dem Verein?

Fallbearbeitung

Max Mustermann beruft sich auf § 823 Abs. 1 BGB und verlangt Schmerzensgeld. Der Verein beharrt darauf, dass die Schäden offenkundig waren und der Spieler selbst schuld sei, da er die Schäden am Zaun kannte. Außerdem ist der Fußballplatz nur gepachtet und daher haftet wenn überhaupt die Gemeinde Musterhausen.

Fraglich ist hier insbesondere, ob eine Verletzungshandlung vorliegt. Diese könnte im Unterlassen der Verkehrssicherungspflicht liegen. Die Verkehrssicherungspflicht hat sich aus der Rechtsprechung entwickelt. Demnach hat wer in seinem Verantwortungsbereich eine Gefahrenlage gleich welcher Art für Dritte schafft oder andauern lässt (wie hier durch den Betrieb des Sportplatzes), die allgemeine Rechtspflicht, die Vorkehrungen zu treffen, die erforderlich und zumutbar sind, um Schädigungen Dritter möglichst zu verhindern. Er haftet aber nur dann aus § 823 Abs. 1 BGB, wenn die naheliegende Gefahr bestand, dass Rechtsgüter Dritter verletzt werden können und der tatsächlich zu Schaden gekommene Dritte zu dem Personenkreis gehört, mit dessen Gefährdung üblicherweise zu rechnen ist.[4]

Im vorliegenden Fall bedeutet dies, dass die Benutzung des Sportplatzes wegen der beschädigten Zaunanlage gefährlich war. Mit einer Rechtsgutverletzung eines Dritten war zu rechnen - insbesondere für die Spieler, die regelmäßig den Platz nutzen. Um der Verkehrssicherungspflicht nachzukommen, hätte der Platz gesperrt oder der Zaun abgebaut werden müssen.

Der § 823 Abs. 1 BGB ist somit anwendbar. Allerdings gibt es noch den Umstand, dass Max Mustermann den schadhaften Zustand der Zaunanlage kannte. Nach § 254 Abs. 1 BGB hängt die Höhe des Schadensersatzes auch davon ab, inwieweit der Geschädigte selbst für den Schaden mitverantwortlich ist (Mitverschulden). Als Vereinsmitglied und regelmäßiger Nutzer des Sportplatzes kannte Max Mustermann den Zustand, hat die Gefahr im Eifer des Gefechts nur nicht richtig eingeschätzt. Er ist daher an dem Unfall in erheblichen Maß selbst schuld. Ihm wird also Schmerzensgeld zugesprochen - allerdings mit Abstrichen aufgrund seines Mitverschuldens. Je nach Umstand der offenkundigen Schäden und Verletzungsgefahr, kann in anderen Fällen das Mitverschulden so schwer wiegen, dass kein Schmerzensgeld zugesprochen wird.

---

[4] Urteil des Thüringer Oberlandesgerichts vom 10.02.2010, Az.: 4 U 594/09

Fraglich ist noch, ob der Verein oder die Gemeinde den Schadensersatz zu leisten hat.

Die Gemeinde ist Eigentümerin des Sportplatzes; der Verein als Pächter berechtigter Besitzer. Als Besitzer hat der Verein die unmittelbare Gewalt über den Sportplatz und damit obliegt ihm auch die Verkehrssicherungspflicht. Somit ist hier der Sportverein zum Schadensersatz verpflichtet.

Gesetzliche Grundlagen

§ 253 Abs. 2 BGB - Schadensersatz als Geldleistung

§ 254 Abs. 1 BGB - Mitverschulden

§ 823 Abs. 1 BGB - Schadensersatzpflicht aus unerlaubten Handlungen

Beachte

- Sportplätze und -stätten **regelmäßig** auf Schäden inspizieren!

- bei Schäden **umgehend** Maßnahmen einleiten!

- auch **vereinsfremde** Personen bei den Maßnahmen berücksichtigen!

- In den letzten Jahren wurden mehrere Kinder durch umgestürzte Fußballtore erschlagen. Diese müssen richtig verankert oder bei beweglichen Toren entsprechend beschwert werden!

11. LEBENSMITTEL

Fallbeschreibung

Sachverhalt I:

Die Jugendabteilung des Schwimmclubs Poseidon e.V. der Stadt Musterhausen möchte gerne einen Ausflug unternehmen. Leider mangelt es den jungen Schwimmern an Geld. Die Kinder überlegen sich, wie sie den Ausflug finanzieren könnten und beschließen schließlich während den Kindertagen, die jeden Sommer von der Stadt Musterhausen veranstaltet werden einen Verkaufsstand zu betreiben. Der zweite Vorsitzende, Herr Fischer ist im Verein für die Jugendarbeit verantwortlich und von der Idee der Kinder sofort begeistert. Er erklärt sich bereit mit ihnen den Verkauf zu planen und durchzuführen. Noch am selben Wochenende geht er mit den Kindern einkaufen und stellt mit ihnen in der vereinseigenen Küche die Lebensmittel zum Verkauf her.

Wie geplant bietet die Jugendabteilung des Schwimmclub Neptuns an ihrem Stand Frikadellenbrötchen, Waffeln und Kuchen an. Zur Kühlung der Frikadellen und des Waffelteigs hat Herr Fischer einen Kühlschrank organisiert. Aus Unachtsamkeit hat er jedoch vergessen, den Kühlschrank rechtzeitig einzuschalten, sodass Teig und Fleisch kurze Zeit ungekühlt waren und sich Keime gebildet haben. Zwei Tage nach dem Verkauf gehen beim ersten Vorsitzenden des Schwimmclubs mehrere Briefe wütender Eltern ein, deren Kinder nach Verzehr der angebotenen Leckereien wegen einer leichten Lebensmittelvergiftung im Krankenhaus behandelt werden mussten. Es sind Behandlungskosten in Höhe von 5.000 € entstanden.

Sachverhalt 2:

Der Schwimmclub Poseidon feiert 50-jähriges Bestehen. Zu diesem

Anlass sind alle Mitglieder, auf Kosten des Vereins zu einem Fest eingeladen. Es gibt eine große Auswahl an Speisen, u.a. ein Tiramisu, das jedoch leider mit Salmonellen verunreinigt ist. Am nächsten Tag klagen einige Mitglieder über Übelkeit. Zwei von ihnen mussten sogar ärztlich behandelt werden.

Problem/ Fragestellung

I. Was muss beim Verkauf von Lebensmitteln durch einen Verein beachtet werden?

II. Haftet der Verein gegenüber den Erkrankten?

Fallbearbeitung

I. Allgemeines

Bei der Herstellung, der Verarbeitung und beim Verkauf von Lebensmitteln müssen Produzenten und Händler zahlreiche Rechtsvorschriften einhalten. Zum Thema Lebensmittelrecht gibt es neben deutschen Gesetzen und Rechtsverordnungen auch Normen der EU, die ebenfalls eingehalten werden müssen.

Fraglich ist, ob diese Regelungen auch auf den Lebensmittelverkauf bei Vereinsfesten oder auf das Betreiben von Verkaufsständen durch Vereine Anwendung finden.

Nach § 43 Infektionsschutzgesetz (IfSchG) brauchen alle Personen, die gewerbsmäßig mit Lebensmitteln umgehen eine Bescheinigung des Gesundheitsamtes oder eines vom Gesundheitsamt beauftragten Arztes, die nachweist, dass sie an keinen übertragbaren Krankheiten leiden. Für ehrenamtliche Helfer und Helferinnen bei Vereinsfesten oder Lebensmittelverkäufen greift diese Regelung nicht.

Ebenfalls keine Anwendung findet der § 4 und das Kapitel XII,

Anhang II der Verordnung der EU über Lebensmittelhygiene (VO (EG) Nr. 852/2004).

Andere Regelungen der Lebenshygienemittelverordnung (VO (EG) Nr. 852/2004) finden jedoch auch auf Vereine Anwendung.[5] Gem. Art. 1 Abs. 1 a) der o.g. Verordnung liegt die Hauptverantwortung für die Lebensmittelsicherheit beim Lebensmittelunternehmer. Lebensmittelunternehmer sind nach Art. 3 Abs. 2 „alle Unternehmen, gleichgültig, ob sie auf Gewinnerzielung ausgerichtet sind oder nicht und ob sie öffentlich oder privat sind, die eine mit der Produktion, der Verarbeitung und dem Vertrieb von Lebensmitteln zusammenhängende Tätigkeit ausführen". Somit sind auch Vereine, die Lebensmittel herstellen und verkaufen Lebensmittelunternehmer und müssen damit für die Sicherheit ihrer angebotenen Lebensmittel garantieren.

Nach Art. 1 Abs. 2 gelten die Regelungen jedoch nicht für die Herstellung und Lagerung von Lebensmitteln für den privaten Gebrauch. Veranstaltet ein Verein also ein privates Fest für seine Mitglieder, müssen die Regelung der Lebensmittelhygieneverordnung (VO (EG) Nr. 852/2004) nicht eingehalten werden.

Daher sollte sich ein Verein vor Durchführung einer Veranstaltung, bei der Lebensmittel und Getränke verkauft werden sollen zunächst bei der zuständigen Behörde informieren. Viele Landkreise, Kommunen, das Landesministerium für Ländlicher Raum und Verbraucherschutz und der TÜV-Sued bieten Informationsbroschüren zum Thema Veranstaltung von Vereins- und Straßenfesten an. In ihnen wird erläutert was beim Betreiben eines Verkaufstandes und beim Umgang mit Lebensmitteln beachtet werden muss.

---

[5] www.tuev-sued.de, Grundsätze zum Lebensmittelsicherheit, S. 2

In den meisten Broschüren finden Sie u.a. Informationen zu folgenden Themen:

1. **Bauliche und sonstige Anforderungen an Räume und Verkaufsstände**

    1.1. Fester Boden

    1.2. Geschirr und Werkzeuge und ihre Reinigung

    1.3. Trink- und Abwasserversorgung

    1.4. Abfallentsorgung

    1.5. Toiletten

2. **Personen die mit Lebensmittel in Berührung kommen**

    2.1. Krankheiten

    2.2. Kleidung

    2.3. Händereinigung

    2.4. Evtl. Schulung bzgl. Hygienevorschriften

3. **Umgang mit Lebensmitteln**

    3.1. Einhaltung von Hygienevorschriften

    　　3.1.1. Abdeckung und Lagerung

    　　3.1.2. Einhaltung der max. Lagertemperaturen

    3.2. Leicht verderbliche Lebensmittel

    　　3.2.1. Lebensmittel mit rohem Ei

    　　3.2.2. Lebensmittel mit Hackfleisch

    　　3.2.3. Speiseeis

4. **Kennzeichnungspflicht**

    4.1. Bezeichnung des Lebensmittels

    4.2. Zusatzstoffe

    4.3. Allergenkennzeichnung

I. Haftungsfragen

Sachverhalt I:

Es gibt zwei mögliche Anspruchsgrundlagen für die Geltendmachung von Schadensersatzansprüchen aufgrund einer durch die verkauften Lebensmittel ausgelöste Erkrankung. Zum einen könnten die Geschädigten einen Schadensersatzanspruch nach § 823 Abs. 1 BGB geltend machen, zum anderen ist auch ein Anspruch aus § 1 Produkthaftungsgesetz (ProdHaftG) möglich.[6]

Haftung aus § 823 Abs. 1 BGB

Für das Vorliegen eines Schadens aus § 823 Abs. 1 BGB müsste zunächst ein Rechtsgutverletzung vorliegen. Mögliche Rechtsgutverletzungen sind nach diesem Paragrafen Verletzungen des Lebens, Körpers, Gesundheit, Freiheit oder Eigentums. In diesem Fall wurde die Gesundheit der Kinder verletzt, da sie an einer leichten Lebensmittelvergiftung erkrankten.

Der Schaden müsste zudem durch die Handlung des Schuldigen verursacht worden sein. Dies wird dann angenommen, wenn der Schaden ohne das Handeln des Schuldigers nicht entstanden wäre. Auch dies ist hier gegeben, da die Kinder nicht erkrankt wären, wenn sie keine verdorbenen Waffeln und Frikadellen gegessen hätten.

Des Weiteren müsste der Schaden rechtswidrig zugefügt worden sein. Hiervon kann immer ausgegangen werden, wenn ein durch die Tat entstandener Schaden vorliegt; die Rechtswidrigkeit wird indiziert.

---

[6] Gemeinde Siegbach, Merkblatt Lebensmittelrecht

Außerdem müsste der Verein, um für den Schadensersatz herangezogen zu werden, die Rechtsgutverletzung verschuldet haben. Es ist zunächst zu prüfen, ob der Verein, der als juristische Person nicht selbst gehandelt hat, trotzdem verschuldens-, also deliktsfähig sein kann. Gem. § 31 BGB ist der Verein für den Schaden verantwortlich, den der Vorstand, ein Mitglied des Vorstands oder ein anderer verfassungsmäßig berufener Vertreter durch eine, in Ausführung der ihm zustehenden Verrichtungen begangene, zum Schadensersatz verpflichtende Handlung einem Dritten zufügt. Herr Fischer ist als zweiter Vorsitzender des Vereins ein Mitglied des Vorstands. Da er den Verkauf mit den Kindern nicht als Privatperson, sondern in seiner Funktion als Verantwortlicher für die Jugendarbeit durchgeführt hat, befand er sich auch in Ausführung der ihm zustehenden Verrichtung. Folglich haftet der Schwimmclub Neptun für das Handeln des Herrn Fischers.[7]

Zudem muss geprüft werden, ob fahrlässig oder vorsätzlich gehandelt wurde. Vorsätzlich handelt, wer mit Wissen und Wollen im Bewusstsein der Rechtswidrigkeit seines Tuns handelt. Vorsatz kann in diesem Fall nicht nachgewiesen werden. Jedoch kann man Herrn Fischer Fahrlässigkeit (vgl. § 276 Abs. 2) unterstellen. Fahrlässig handelt, wer die im Verkehr erforderliche Sorgfalt außer Acht lässt. Da Herr Fischer vergessen hat, den Kühlschrank rechtzeitig einzuschalten, hat er fahrlässig gehandelt.

Als letzter Punkt müsste nun ein Schaden aufgrund der Rechtsgutverletzung entstanden sein. Dieser Schaden beläuft sich in diesem Fall auf die Behandlungskosten in Höhe von 1.000 €, die nicht entstanden wären, wenn die Lebensmittel ordnungsmäßig gekühlt worden wären.

Der Schwimmclub Poseidon ist folglich verpflichtet den

---

[7] www.siegbach.de, Die Haftung des Vereins und seiner Leitungsorgane

Geschädigten den entstandenen Schaden i. H. v. 5.000 € zu ersetzen.

Haftung nach § 1 ProdHaftG

§ 1 Abs. 1 ProdHaftG besagt, dass der Hersteller, wenn aufgrund eines Fehlers seines Produktes ein Mensch getötet wird oder sein Körper, seine Gesundheit oder eine andere Sache verletzt wird, dem Geschädigten für den daraus resultierenden Schaden haftet.

Zunächst müsste eine der oben genannten Rechtsgutverletzungen vorliegen. Laut Sachverhalt liegt, wie oben bereits ausgeführt eine Verletzung der Gesundheit der Kinder vor.

Desweiteren müsste der Schaden durch ein Produkt nach § 2 ProdHaftG verursacht worden sein. Hiernach ist ein Produkt im Sinne des ProdHaftG jede bewegliche Sache, auch wenn sie einen Teil einer anderen beweglichen Sache oder einer unbeweglichen Sache bildet, sowie Elektrizität. Da die verkauften Speisen bewegliche Sachen sind, fallen sie unter den Begriff Produkt.

Außerdem müsste auch ein Produktfehler nach § 3 Abs.1 ProdHaftG vorliegen. Ein Lebensmittel hat nach § 3 Abs. 1 a) dann einen Fehler, wenn es selbst oder die Verpackung zum Zeitpunkt des Anbietens nicht die Sicherheit bietet, die unter Berücksichtigung des Verwendungszwecks erwartet werden kann. Da der Waffelteig und die Frikadellen verdorben waren, wiesen sie ebendiese Sicherheit nicht auf. Ein Produktfehler lag vor.

Zudem müsste der Verein Hersteller der Produkte gewesen sein. Nach § 4 ProdHaftG ist Hersteller, wer u.a. das Endprodukt gefertigt hat. Hierbei ist zu beachten, dass nicht der einzelne Mitarbeiter haftet. Der Verein ist also Hersteller der Lebensmittel.

Die Ansprüche aus § 1 ProdHaftG sind verschuldensunabhängig, d.h. der Verbraucher muss das Verschulden des Herstellers nicht nachweisen.[8]

Vielmehr müsste der Hersteller, um sich zu entlasten nachweisen, dass er keine Fehler begangen hat. Damit eine Entlastung in Betracht kommt sollten Vereine, wenn sie leicht verderbliche Lebensmittel anbieten oder verarbeiten u.a. die Kühlkette und Lagerung der Produkte dokumentieren.

Die Geschädigten haben folglich auch einen Anspruch aus § 1 ProdHaftG.

Sachverhalt 2:

Der Verein haftet, wie oben ausgeführt aus § 823 Abs. 1 BGB.

Fraglich ist, ob der Verein auch bei einem privaten Fest nach § 1 ProdHaftG haftet.

In § 1 Abs. 2 ProdHaftG finden sich Ausnahmen zur Haftung. Gem. § 1 Abs. 2 Nr. 3 haftet der Hersteller nicht, wenn er das Produkt weder für den Verkauf oder eine andere Form des Vertriebs mit wirtschaftlichem Zweck hergestellt noch im Rahmen seiner beruflichen Tätigkeit hergestellt oder vertrieben hat. Da das Fest rein privater Natur war, also nur Vereinsmitglieder anwesend waren und die Speisen nicht mit Gewinnabsicht verkauft worden sind, haftete der Verein in diesem Fall nicht nach § 1 Abs. 1 ProdHaftG.

Gesetzliche Grundlagen

- VO (EG) Nr. 852/2004 über Lebensmittelhygiene
- VO (EG) Nr. 853/2014 spezifische Hygienevorschriften für Lebensmittel tierischen Ursprungs

---

[8] www.lorenz.userweb.mwn.de, Skript Produkthaftung

- Leitfaden für die Durchführung bestimmter Vorschriften der VO (EG) NR. 852/2004
- § 1 Produkthaftungsgesetz (ProdHaftG)
- § 823 Abs. 1 BGB

Beachte

- Vor Durchführung von Lebensmittelverkäufen, Infobroschüren der zuständigen Behörden einsehen.
- Schulungsangeboten von Vereinen und Kommunen zum Umgang mit Lebensmitteln wahrnehmen.
- Keine verderblichen Lebensmittel, also Lebensmittel mit rohem Ei, Hackfleisch, Speiseeis u. ä. anbieten.
- Bei großen Veranstaltungen den Versicherungsschutz des Vereins prüfen

12. KREDITAUFNAHME

Fallbeschreibung

Auf der Mitgliederversammlung des Tennisvereins Musterhausen wurde der Bau zweier weiterer Tennisplätze beschlossen. Da die eigenen finanziellen Mittel nicht ausreichen, soll ein Kredit aufgenommen werden. Erika Mustermann ist laut Satzung als besondere Vertreterin für die Kreditaufnahmen des Vereins verantwortlich, befindet sich jedoch für längere Zeit in Kur. Elke Ahnungslos ist ein neues Mitglied im Verein und kennt sich in finanziellen Angelegenheiten sehr gut aus. Der Vorstand erkundigt sich vorsichtshalber bei ihr, ob sie sich vorstellen könne, die Aufgaben von Erika Mustermann irgendwann zu übernehmen. Dazu erklärt sie sich gerne bereit und schon am nächsten Tag schließt sie für den Verein einen Kreditvertrag mit einer Bank ab.

Problem/ Fragestellung

Was sind die Voraussetzungen für eine Kreditaufnahme eines Vereins? Welche organisatorischen Aspekte sind zu berücksichtigen? Ist der Kreditvertrag gültig?

Fallbearbeitung

Inwieweit ein Kredit gewährt wird, hängt von der Kreditwürdigkeit des Vereins ab. Dabei sind vor allem die bisherigen Geschäftsbeziehungen mit dem Kreditgeber wichtig.

Die Voraussetzungen für eine Kreditaufnahme können in der Vereinssatzung sehr unterschiedlich geregelt sein. Im Regelfall wird die Kreditaufnahme von der Mitgliederversammlung beschlossen. Dabei sollten aus dem Beschluss folgende Punkte hervorgehen:

- Verwendungszweck der Kreditaufnahme

- Höhe der Kreditaufnahme

- Voraussichtliche Laufzeit

- Ermächtigung des Vorstandes (§ 26 Abs. 1 BGB) oder eines besonderen Vertreters (§ 30 BGB)

Im vorliegenden Fall kann angenommen werden, dass die Kreditaufnahme ordentlich beschlossen wurde. Ob die selbstständige Handlung von Elke Ahnungslos ebenfalls korrekt ist, richtet sich nach den organisatorischen Regelungen des BGB.

§ 26 Abs. 1 BGB gibt dem Vorstand die rechtliche Stellung eines gesetzlichen Vertreters des Vereins. In erster Linie ist er daher das Organ, welches Verträge abschließt. Der Vorstand kann zudem auch Vollmachten erteilen (vgl. § 164 Abs. 1 S. 1 BGB), wodurch ein Vereinsmitglied oder ein Dritter im Einzelfall ein Rechtsgeschäft abwickeln kann.

Eine Generalvollmacht ist jedoch nicht möglich. Der Gesetzgeber bietet für solche Fälle die Möglichkeit des besonderen Vertreters nach § 30 BGB. Dabei kann durch Satzung bestimmt werden, dass für gewisse Geschäfte die Vertretungsmacht dauerhaft übertragen werden. Die Tätigkeit eines Vorstands kann dadurch erheblich entlastet werden.

Die Rechtsprechung hat zudem den Grundsatz entwickelt, dass auch der Verein eine besondere Organisationspflicht hat. Daher sollen bestimmte wichtige Aufgabengebiete dem Vorstand oder einem besonderen Vertreter zugeordnet werden. Tut der Verein dies nicht, wird ein Organisationsmangel angenommen, für den der Verein verantwortlich ist. Die Organhaftung ist dadurch erweitert worden.[9]

Beim Tennisverein Musterhausen ist Erika Mustermann die

---

[9] Sauter, 2010, Rd-Nr. 291

besondere Vertreterin für die Finanzgeschäfte. Daher kann nur sie (oder der Vorstand selbst) den Kreditvertrag abschließen. Anzunehmen wäre evtl. noch, dass der Vorstand der Elke Ahnungslos in diesem einzelnen Fall eine Vollmacht erteilt hat. Die Vollmachterteilung selbst ist ein Rechtsgeschäft und bedarf daher gem. § 167 Abs. 1 BGB einer Erklärung des Vorstandes. Dieser hat sich jedoch nur bei Elke Ahnungslos erkundigt, ob sie Interesse hat, die Aufgaben der Erika Mustermann künftig zu übernehmen. Eine Vollmacht wurde daher nicht erteilt. Der Kreditvertrag zwischen dem Verein und der Bank ist somit schwebend unwirksam.

Wirksam kann er nur durch die rückwirkende Genehmigung nach § 184 Abs. 1 BGB werden. Dazu ist der Vorstand jedoch nicht verpflichtet. Erteilt er die Genehmigung gilt der Kreditvertrag als wirksam. Verweigert er jedoch die Genehmigung, hat hier Elke Ahnungslos ohne Vertretungsmacht gehandelt und gem. § 179 Abs. 1 BGB entsteht der Vertrag zwischen ihr selbst und der Bank. Die Bank würde auf diesen Vertrag sinnigerweise nicht bestehen, allerdings kann möglicherweise Schadensersatz für den entstandenen Schaden (angefallene Kosten) gefordert werden.

Dafür haftet nicht der Verein, sondern Elke Ahnungslos selbst. Allerdings haftet sie nach § 179 Abs. 2 BGB nur für den Schaden, der entstanden ist, weil die Bank auf die Gültigkeit des Rechtsgeschäfts vertraut hatte. Fraglich ist weiter, ob die Bank den Mangel der Vertretungsmacht hätte wissen müssen. In diesem Fall würde Elke Ahnungslos nicht haften (vgl. § 179 Abs. 3 BGB).

Abschließend lässt sich somit feststellen, dass die Wirksamkeit des Kreditvertrags hier von der Genehmigung des Vorstands abhängt.

Gesetzliche Grundlagen

§ 26 Abs. 1 BGB - Der Vereinsvorstand

§ 30 BGB - Besonderer Vertreter

§ 164 Abs. 1 S. 1 BGB - Rechtsfolge Vertretung

§ 167 Abs. 1 BGB - Vollmachterklärung

§ 177 Abs. 1 BGB - Genehmigung

§ 179 BGB - Haftung bei Vertretung

§ 184 Abs. 1 BGB - Rechtsfolge Genehmigung

Beachte

- Kredite sollten nur bei Banken aufgenommen werden und nicht bspw. von anderen Vereinsmitgliedern
- Aus der Satzung sollen die Voraussetzungen für eine Kreditaufnahme im Detail hervorgehen.
- Die Aufgabengebiete sollen, soweit es Sinn ergibt, an besondere Vertreter zugewiesen werden, damit der Organisationspflicht nachgekommen wird.
- Bei Abwesenheit oder Krankheit besteht die Möglichkeit eine Vollmacht zu erteilen.

13. VERLETZUNG DER AUFSICHTSPFLICHT

Fallbeschreibung

Im Turnverein Musterhausen e.V. wird jeden Dienstag Kinder- und Jugendturnen angeboten. Das Training wird von dem engagierten Jugendtrainer Paul und der leichtfertigen Gerda geleitet die dafür eine Ausbildervergütung von 60€ erhalten. Vor Beginn des Trainings stellt Paul bei der Kontrolle der Geräte fest, dass eine Stange des Barrens angebrochen ist. Dies teilt er Gerda mit und der Barren wird im Stellraum gelassen. Jeder der Beiden betreut eine Kinder- und Jugendgruppe, die durch deinen Vorhang in der Halle getrennt sind. Am Anfang des Trainings sagen Paul und Gerda den Kindergruppen, das diese nicht in dem Stellraum herumtollen sollen. Da das Training gut läuft geht Gerda sich einen Kaffee holen. Diese Zeit nutzen die Sechsjährigen Fritz und Max um doch ungestört im Stellraum an allen Geräten zu spielen. Als Fritz auf den Barren springt, bricht die Stange, er fällt zu Boden und bricht sich den Arm und hat eine Platzwunde am Hinterkopf.

Problem/ Fragestellung

Wie sieht hier die Haftung für die Verletzungen von Fritz aus?

Wer muss für den defekten Barren aufkommen?

Fallbearbeitung

Da zwischen dem Turnverein und den Eltern ein Ausbildungsvertrag besteht, hat der Verein zunächst eine Sorgfaltspflicht aus dem Vertrag.

Da Gerda als Ausbilderin beschäftigt ist, also Angestellte des Vereins und Mitglied bei dem Verein, also als Erfüllungsgehilfe tätig; ist dieser auch für Jede Handlung von Gerda grundsätzlich verantwortlich.

Hier besteht nun die Frage, ob der Verein sich von einer Haftung für Gerda als Mitglied des Turnvereins ausschließen kann.

Da dem Verein bekannt ist, dass Gerda gerne etwas leichtfertig ist, ist an zunehmen, dass der Verein sich nicht aus der Verantwortung ausschließen könnte. Denn anders als dies bei Privatpersonen bzw. juristischen Personen wie Firmen geht, gehen hier die speziellen Vereinsregelungen des BGB, die keinen Entlastungsbeweis zulassen, denen der sonstigen Rechtsprechung vor[10].

Da Gerda ihre erforderliche Aufsichtspflicht und somit die erforderliche Sorgfalt aber außer Acht gelassen hat und somit fahrlässig gehandelt hat, ist Sie auch persönlich haftbar. Denn Sie kannte die Gefahr des angebrochenen Barrens und lies den Stellraum trotzdem offen und unbeaufsichtigt auch wenn Sie den Kindern verboten hat, in den Raum zu gehen.

Demnach können die Eltern von Fritz, auch Gerda in Haftung und Schadensersatzzahlung nehmen.

Grundsätzlich kann ein Mitglied, dass für den Verein tätig geworden ist vom Verein verlangen von der Verbindlichkeit befreit zu werden. Dies gilt aber nicht bei grober Fahrlässigkeit.

---

[10] Creifelds Rechtswörterbuch, Vereinshaftung

Zum anderen ist die Frage offen, wer für den kaputten Barren haftet.

Da Fritz noch Minderjährig ist, ist er für einen Schaden, den er verursacht nicht verantwortlich. Grundsätzlich wären die Eltern als Aufsichtspflichtige hier haftbar. Da aber durch den Ausbildungsvertrag Gerda in letzter Instanz für die Aufsicht zuständig ist, ist Sie in der Pflicht. Da es sich bei dem Barren aber um Vereinseigentum handelt und der Verein durch die Ausbildungsverträge und zum Vereinszweck diesen braucht, muss dieser auch für eine Instandsetzung sorgen. In wie weit er Gerda in die Pflicht nimmt, ist hier Sache der Vorstandschaft und Gerda, die dies aushandeln.

Gesetzliche Grundlagen

§ 823 Abs. 1 BGB - Schadensersatzpflicht

§ 828 Abs. 1 BGB - Minderjährige

§ 276 BGB - Verantwortlichkeit

§ 832 Abs. 2 BGB - Haftung des Aufsichtspflichtigen

§ 278 i.V.m. § 276 Abs. 2 BGB - Verantwortlichkeit für Dritte

§ 31 b Abs. 1 und 2 BGB - Haftung von Vereinsmitgliedern

Beachte

- Die Haftung kann durch die Vereinssatzung beschränkt werden. Hierzu empfiehlt sich ein Blick in die Verbands- oder Vereinsliteratur. Auch hilfreich könnte die Definition in „Creifelds Rechtswörterbuch, Verein" sein.

- Grundsätzlich werden genau aus solchen haftungs-rechtlichen Gründen spezielle Vereinsversicherungen angeboten. Hier empfiehlt es sich, den zuständigen Verband oder gegebenenfalls das örtliche Versicherungsbüro für die bestmöglichste Absicherung auf zu suchen.

14. NUTZUNG VON EINRICHTUNGEN

Fallbeschreibung

Gemeinde Musterhausen hat mit dem örtlichen Badmintonverein einen Nutzungsvertrag über die Sporthalle geschlossen, wo dieser zweimal wöchentlich ein Training veranstaltet. In diesem wurde die Haftung aus dem Betrieb und der Nutzung der Halle den Vereinen übertragen. Bereits im November kommt es zu einem Wintereinbruch, weshalb die Straßen eisig und glatt sind. Vereinsmitglied X möchte zum Training gehen, doch vor der Sporthalle rutscht er auf dem glatten, nicht bestreuten Weg aus und bricht sich sein Handgelenk.

Problem/ Fragestellung

Das Vereinsmitglied X möchte nun Schadensersatz geltend machen. Es stellt sich nun die Frage, ob er diesen Anspruch an den Badmintonverein richten kann.

Fallbearbeitung

Grundsätzlich würde hier die Gemeinde die **Verkehrssicherheitspflicht** als Eigentümerin der Sporthalle tragen, weil sie das Grundstück/Gebäude Dritten gegenüber zugänglich macht.

Der Sinn der Verkehrssicherungspflicht besteht darin, dass derjenige, der (potentielle) Gefahrenquellen schafft oder beaufsichtigt, dafür Sorge tragen muss, dass Dritte davon keinen Schaden nehmen. Ein Verstoß gegen dieses Pflicht stellt eine unerlaubte Handlung dar, weshalb die §§ 823 ff. BGB Anwendung finden.

Die Verkehrssicherungspflicht kann durch Vertrag übertragen

werden. In vorliegendem Fall wurde sie durch den Nutzungsvertrag mit der Formulierung „die Haftung aus dem Betrieb und der Nutzung der Halle übertragen" an den Verein übertragen.

Der Badmintonverein ist also dafür verantwortlich, die notwendigen und zumutbaren Vorkehrungen zu treffen, um Schäden Dritter durch hervorsehbare Gefahren zu verhindern.

Vorliegend hat der Badmintonverein versäumt dafür zu sorgen, dass vor der Halle ausreichend gestreut und geräumt wird. Er hat die Verkehrssicherungspflicht in Form der Streupflicht verletzt, woraufhin ein Vereinsmitglied zu Schaden gekommen ist.

Vereinsmitglied X hat somit einen Anspruch auf Schadensersatz gegenüber dem Badmintonverein.

Gesetzliche Grundlagen

§ 31 BGB - Organhaftung

§§ 823 ff. BGB - Schadensersatzansprüche

Beachte

- Die Haftung gegenüber Vereinsmitgliedern kann in der Satzung beschränkt werden.
- Die Verkehrssicherungspflicht besteht nicht gegenüber Personen, die sich unbefugt auf das Grundstück begeben (OLG München - 1 U 3362/90 - 04.10.90.).
- Was noch zur Verkehrssicherungspflicht gehört:
  - Räum-, und Reinigungspflicht
  - Unter Verschluss halten bzw. Sichern von gefährlichen Gegenständen
  - Ausreichende Beleuchtung von Fluren, Treppen, Gehwegen
- Bei Kindern muss berücksichtigt werden, dass sie in der Regel sehr neugierig sind und Gefahren weniger abschätzen können;

das bloße Anbringen eines Schildes mit der Aufschrift „Eltern haften für ihre Kinder" befreit nicht von der Verkehrssicherungspflicht.

15. AUSFLUG AN DEN BAGGERSEE

Fallbeschreibung

Der Kinderturnverein von Musterhausen plant einen Ausflug an den nahe gelegenen Baggersee. Die Gruppenleiterin Tanja, die selbst erst 17 Jahre alt ist, teilt dafür wenige Tage vor dem Ausflug einen Fragebogen über die Schwimmkenntnisse der Kinder aus. Dieser soll von den Eltern ausgefüllt werden und am Morgen des Ausfluges eingesammelt werden. Der Fragebogen enthält auch die Einverständniserklärung der Eltern, dass ihr Kind an dem Ausflug teilnehmen darf.

Am Morgen des Ausflugs ist alles sehr chaotisch. Herr Jakob ist krank geworden. Er hätte die Gruppe begleiten sollen. Schnell wird Frau Mars überredet, die Gruppe zu begleiten. Frau Mars ist die Mutter eines der teilnehmenden Kinder und hat kaum Vorerfahrungen in der Betreuung von Kindergruppen. Dank ihr kann der Ausflug aber doch stattfinden. In der Hektik gerät das Einsammeln der Fragebögen in den Hintergrund. Die Fragebögen werden weder auf Vollzähligkeit noch auf Vollständigkeit geprüft.

Am Baggersee scheint zunächst alles ruhig zu sein. Die Kinder spielen und plantschen am Rand des Sees. Frau Mars und Gruppenleiterin Tanja beaufsichtigen die Kinder und haben Alles im Blick.

Als Franzi, eines der Kinder sich Pommes an der Imbissbude kaufen will, tritt sie ausversehen in eine Glasscherbe. Sie blutet am Fuß und weint. Tanja will die Wunde desinfizieren und dann mit einem Pflaster zukleben. Allerdings fällt ihr plötzlich ein, dass Franzis Mutter einmal davon erzählt hatte, dass Franzi unter Allergien leide. Sie sucht deshalb in ihrem Erste-Hilfe-Set ein Pflaster für Allergiker und klebt dieses auf die Wunde.

Dann kommt Fritzchen auf die Idee bis auf die andere Seeseite zu schwimmen. Frau Mars bemerkt, dass Fritzchen sich von der plantschenden Kindergruppe entfernt und weiter auf den See rausschwimmt. Da sie davon ausgeht, dass Fritzchen gut schwimmen kann, greift sie nicht ein. Als Fritzchen plötzlich wild mit den Armen rudert und nach Hilfe schreit, informiert Frau Mars die Gruppenleiterin Tanja. Tanja ist völlig überfordert mit der Situation. Sie hat keine Erfahrungen in der Wasserrettung. Sie hatte sich darauf verlassen, dass Herr Jakob, der als Rettungsschwimmer ausgebildet ist, den Ausflug begleiten wird.

Glücklicherweise eilen andere Badegäste zu Hilfe und retten Fritzchen vor dem Ertrinken. Fritzchen hat nur einen kleinen Schreck bekommen und ein bisschen Wasser geschluckt. Als Fritzchens Mutter von dem Vorfall erfährt, will sie den Turnverein wegen Aufsichtspflichtverletzung anzeigen.

Problem/ Fragestellung

- Wie hätte der Ausflug besser organisiert werden können?
- Welche Maßnahmen sind zu treffen, wenn sich ein Kind verletzt?
- Wer trägt die Verantwortung für die Aufsichtspflichtverletzung?
- Können Tanja als minderjährige Gruppenleiterin oder Frau Mars als Externe für die Verletzung der Aufsichtspflicht verantwortlich genommen werden?

Fallbearbeitung

Zunächst betrachten wir den Fall aus organisatorischer Sicht. Die Gruppenleiterin hätte schon frühzeitig die Einverständniserklärung zur Teilnahme am Ausflug von den Eltern einholen und die entsprechenden Informationen zu den Schwimmkenntnissen, Allergien und sonstigen speziellen Bedürfnissen der Kinder erfragen sollen.

Für den eventuellen (krankheitsbedingten) Ausfall einer

Begleitperson hätte eine Ersatzperson benannt werden sollen. Für den Fall, dass keine weitere offizielle Begleitperson des Vereins zur Verfügung gestanden wäre, hätte der Ausflug auf einen anderen Termin verschoben werden oder ausfallen müssen.

Verletzt sich ein Kind, müssen die Eltern des Kindes immer schnellstmöglich informiert werden. In akuten Fällen ist Erste-Hilfe zu leisten und ggf. sollte ein Arzt hinzugezogen bzw. der Rettungsdienst verständigt werden. Die Aufsichtsperson sollte das verletzte Kind nie selbst zum Arzt bringen. Dies ist Aufgabe des Rettungsdienstes. Außerdem ist zu beachten, dass auch die Aufsichtspflicht gegenüber der anderen Kinder nicht vernachlässigt werden darf. Bei kleineren Verletzungen dürfen keine eigenmächtigen Diagnose- und Behandlungsentscheidungen getroffen werden. Das Auftragen von Cremes, Salben u. ä., das Verabreichen von Medikamenten oder das Aufkleben von Pflastern kann allergische Reaktionen beim Kind hervorrufen. [11] Zum Schutz der Gesundheit des Kindes und um haftungsrechtliche Konsequenzen für die Aufsichtsperson und den Verein zu vermeiden, sollten medizinische Behandlungen jeglicher Art dem Fachpersonal überlassen werden.

Zur Haftung bei einer Aufsichtspflichtverletzung: Aufsichtspflicht bedeutet, dass der Aufsichtspflichtige Sorge trägt, dass den betreuten Minderjährigen nichts zustößt und sie keinen Schaden verursachen. Vorliegend wurde erstere Pflicht verletzt. Fraglich ist, wer diese Pflichtverletzung zu verantworten hat.

Tanja hatte als Gruppenleiterin offiziell die Hauptverantwortung für die Kindergruppe. Allerdings ist sie selbst minderjährig. Daher ist davon auszugehen, dass sie aufgrund ihrer persönlichen Entwicklung und Reife, in unvorhergesehenen Situationen die Lage nicht unter Kontrolle hat und kann daher nur bedingt für die Verletzung der Aufsichtspflicht verantwortlich gemacht werden.

Auch Frau Mars kann nur bedingt zur Verantwortung gezogen

---

[11] Medikamente bei Maßnahmen der Kinder- und Jugendarbeit, 2011

werden. Sie hat sich bereit erklärt die Turngruppe zu begleiten, das bedeutet, dass sie eingewilligt hat, die Aufsicht zusammen mit Tanja zu übernehmen. Allerdings kennt sie die Kinder nicht besonders gut, noch wurde sie vor Beginn des Ausflugs ausreichend über die Fähigkeiten und Bedürfnisse der Kinder informiert. Sie hat die Aufsichtspflicht nicht vorsätzlich verletzt.

Ein Verein ist während Vereinsaktivitäten vertraglich dazu verpflichtet, die Aufsicht der Minderjährigen zu garantieren. Die Aufsicht kann delegiert werden, allerdings nur auf Personen, die dazu geeignet sind. Im obigen Fall, sind weder Tanja noch Frau Mars als Aufsichtspersonen geeignet. Der Kinderturnverein steht damit in der Verantwortung, er hätte die Aufsichtspflicht nicht an Tanja alleine delegieren dürfen und hätte dafür Sorge tragen müssen, dass der Ausflug nicht stattfindet.[12]

Gesetzliche Grundlagen

§ 823 BGB - Schadensersatzpflicht

§ 831 BGB - Haftung für den Verrichtungsgehilfen

§ 832 BGB - Haftung des Aufsichtspflichtigen

§ 828 BGB - Minderjährige

§ 280 BGB - Schadensersatz wegen Pflichtverletzung

§ 278 BGB - Verantwortlichkeit des Schuldners für Dritte

---

[12] Hölzl, 2002

Beachte

- Vor einem Ausflug sollte rechtzeitig die Einverständniserklärung der Eltern und weitere notwendige Informationen zu Allergien, Schwimmkenntnissen, Handynummern der Eltern, Notfallnummern u. ä. eingeholt werden.
- Eine ausreichende Zahl an Begleitpersonen und evtl. Ersatzbegleitung sollte rechtzeitig organisiert werden.
- Keine Minderjährigen oder mit Kindergruppen unerfahrene Erwachsene als hauptverantwortliche Aufsichtspersonen einsetzen.
- Bei einem Schwimmausflug sollte mind. eine Begleitperson Erfahrungen in der Wasserrettung haben. Nach Möglichkeiten sollte der besuchte Badeort offiziell von Rettungsschwimmern überwacht sein.
- Keine eigenmächtige Behandlung von Wunden. Es sollten schnellstmöglich die Eltern informiert werden und ggf. ein Arzt hinzugezogen werden.
- Es sollte eine gute Haftpflichtversicherung für den Verein abgeschlossen sein.

16. HAFTUNGSAUSSCHLUSS

Fallbeschreibung

Der Reitverein der Gemeinde Musterhausen veranstaltet ein mehrtägiges Reitturnier. Ein Highlight des Turniers ist die erst sehr kurzfristig zugesagte Teilnahme von dem renommierten Springreiter Philipp Pferdefreund. Der Vorstand hat mit ihm eigens einen Vertrag aufgesetzt, dessen Bestandteil auch der Ausschluss jeglicher Haftung ist.

Auf den Eintrittskarten steht der Hinweis: "Der Verein haftet nicht für fahrlässig begangene Pflichtverletzungen". Zudem gibt es nach einem Unwetter schon seit längerem ein Problem mit dem Dach eines Stalls. An einigen Stellen des Dachs bestehen große Beschädigungen. Ein Gutachter hat festgestellt, dass die Möglichkeit eines Einsturzes hoch ist. Dem Vorstand ist dieser Umstand bekannt und vergibt den Stall aus Platzmangel dennoch an Philipp Pferdefreund.

Im Laufe des Turniers ereignen sich folgende Vorkommnisse:

1. Philipp Pferdefreund nimmt zum ersten Mal teil. Sein Pferd wird in dem einsturzgefährdeten Stall untergebracht. In der ersten Nacht gibt es starke Regenfälle, wodurch das Dach teilweise zusammenbricht. Durch den Trümmerfall erleidet das Pferd einen Beinbruch.

2. Am zweiten Tag regnet es nicht mehr. Viele Besucher haben sich daher eingefunden, so auch Martina Weitsicht. Auf dem noch schlammigen und von Pfützen übersäten Gelände rutscht sie aus. Dabei wird ihre Brille beschädigt.

3. Erika Mustermann begibt sich ins Vereinslokal um einen Imbiss einzunehmen. An einer gut einsehbaren Garderobe hängt ein Schild, dass keine Haftung übernommen wird. Sie hängt dennoch ihren Mantel ab. Bei ihrer Rückkehr stellt sie fest, dass der Mantel entwendet wurde.

Problem/ Fragestellung

- Wie sind die rechtlichen Regelungen für den Haftungsausschluss?
- Inwieweit haftet der Verein in den oben beschrieben Fällen?

Fallbearbeitung

Um die Haftungsrisiken bei Veranstaltungen zu reduzieren, bietet der Haftungsausschluss eine gute Möglichkeit. Grundsätzlich muss zwischen individuell vereinbarten Haftungsbeschränkungen und Haftungsausschlüssen im Rahmen von Allgemeinen Geschäftsbedingungen unterschieden werden.

Eine individuelle Regelung liegt nur bei Einzelfällen vor. Dabei kann neben der leichten auch die grobe Fahrlässigkeit bei Pflichtverletzungen ausgeschlossen werden. Nach § 276 Abs. 3 BGB kann die Haftung für vorsätzlich begonnene Pflichtverletzungen jedoch nicht ausgeschlossen werden.

Sobald nicht mehr nur ein Einzelfall vorliegt, handelt es sich um Haftungsbeschränkungen im Rahmen von Allgemeinen Geschäftsbedingungen (AGB). AGB liegen vor, wenn vorformulierte Bestimmungen für eine Vielzahl von Verträgen verwendet werden (vgl. § 305 Abs. 1 Satz 1 BGB). Damit diese jedoch Bestandteil des Vertrags werden gibt es strenge Voraussetzungen, die den §§ 305 ff BGB zu entnehmen sind:

- AGB müssen vor Vertragsschluss in den Vertrag einbezogen werden
- AGB dürfen nicht überraschend sein (§ 305c BGB)
- AGB müssen eindeutig formuliert sein

- AGB müssen transparent sein

- AGB dürfen einen den anderen Vertragspartner nicht unangemessen benachteiligen

Besonders hervorzuheben ist noch § 309 Ziff. 7 BGB. Demnach ist bei Schäden in Form der Verletzung von Leben, Körper und Gesundheit kein Haftungsausschluss möglich und bei sonstigen Schäden (z.B. Sachbeschädigung) kann nur die Haftung für leichte Fahrlässigkeit ausgeschlossen werden.

Demzufolge ergeben sich bei Prüfung der o.a. Fälle folgende Ergebnisse für die Haftungsfrage:

1. Der eigens aufgesetzte Vertrag zwischen Philipp Pferdefreund und dem Reitverein stellt eine individuelle Regelung für den Haftungsausschluss dar. Die Klausel, dass jegliche Haftung ausgeschlossen ist, ist unwirksam. Somit gelten die gesetzlichen Regelungen, wonach der Verein insgesamt haftet. Wäre die Klausel so formuliert gewesen, dass nur die grobe und leichte Fahrlässigkeit ausgeschlossen wird, wäre der Haftungsausschluss wirksam.

Allerdings kommt hier hinzu, dass der Vorstand in Kenntnis der Gefahr den Stall vorsätzlich vergeben hat. Hier haftet der Vorstand daher auch persönlich nach § 823 Abs. 1 BGB. Nach § 31 BGB tritt in diesem Fall jedoch zudem die Organhaftung ein, da der Vorstand den Vertrag in Ausführung der ihm zustehenden Verrichtung abgeschlossen hat. Somit haften hier der Vorstand und der Reitverein als Gesamtschuldner.

2. Das Gelände wurde nach den Regengüssen nicht instand gesetzt, bzw. erfolgte keine Absperrung der gefährlichen Stellen. Der Verein hat hier fahrlässig gehandelt und ist nicht seiner Verkehrssicherungspflicht nachgekommen, was eine unerlaubte Handlung darstellt. Der Haftungsausschluss auf der Eintrittskarte ist eine AGB. Da Martina Weitsicht (und auch alle anderen Besucher)

ihre Eintrittskarte erst nach Vertragsschluss ausgehändigt erhält, ist die AGB-Klausel nicht vor Vertragsschluss einbezogen worden. Daher ist die Klausel unwirksam. Zudem ist auch die Formulierung nicht präzise genug, da hier nicht zwischen Schäden in Form der Verletzung von Leben, Körper und Gesundheit und sonstigen Schäden unterschieden wurde. Somit gelten auch hier wieder die gesetzlichen Regelungen und der Verein haftet. Gegebenenfalls würde die Höhe des Schadenersatzes aufgrund von Mitverschulden (§ 254 Abs. 1 BGB) etwas reduziert werden, da die Gefahrenquelle erkennbar war.

3. Auch das Schild an der Garderobe ist eine AGB-Klausel. Und da es die Haftung insgesamt ausschließt, ist auch hier klar, dass der Haftungsausschluss unwirksam ist. Es gilt also die gleiche Rechtslage, als wenn das Schild nicht dort hängen würde. Allerdings stellt die "Garderobenhaftung" ein Sonderfall dar, der vom Gesetzgeber und von der Rechtsprechung inzwischen einigermaßen abgegrenzt wurde[13]. So gibt es in den §§ 688 BGB die speziellen Vorschriften zum Verwahrungsvertrag. Ein solcher Vertrag entsteht in der Regel gegen Entgelt. Zudem wird die Garderobe betreut und befindet sich in abgetrennten Räumlichkeiten. Daneben gibt es die Fälle einer nicht entgeltlichen und nicht beaufsichtigten Garderobe, wie es z.B. in Restaurants festzustellen ist. Erika Mustermann befindet sich in dieser Situation. Da dem Betreiber - hier der Reitverein - der Rechtbindungswille für einen Verwahrungsvertrag fehlt, trägt allein der Gast das Risiko.

Somit haftet der Verein nicht.

---

[13] www.jurarat.de, Garderobenhaftung

Gesetzliche Grundlagen

§ 31 BGB - Organhaftung

§ 276 Abs. 3 BGB - Haftung bei Vorsatz

§ 305 BGB - Allgemeine Geschäftsbedingungen

Beachte

- Vor einer Veranstaltung eine gesonderte Veranstaltungshaftpflichtversicherung abschließen und dabei auf eine ausreichende Deckung achten

- Haftungsausschluss in der Satzung: Dabei handelt es sich zwar nicht um einen Einzelfall, jedoch auch nicht um AGB. Hier greift die Ausnahme des § 310 Abs. 4 BGB. Zu beachten ist, dass die Satzung nur den Mitgliedern gegenüber gilt und nur die leichte Fahrlässigkeit ausgeschlossen werden kann.

- Im Einzelfall eine individuell vereinbarte Haftungsbeschränkung vereinbaren.

- Bei Garderoben die Situation richtig einschätzen.

17. SCHUTZ VOR SEXUELLER GEWALT

Fallbeschreibung

Während der Sommerfreizeit des X-Vereins, werden viele Fotos gemacht. Die 15-jährige A steht besonders im Fokus des Fotografen. Anfangs stört es sie nicht, doch mit der Zeit beschwert sich A bei dem Fotografen. Sie möchte nicht mehr auf Fotos zu sehen sein. Er macht aber weiterhin Fotos in allen Situationen des Lagers. So auch als A sich mit Freundinnen auf der Wiese im Bikini sonnt. Dies bemerken die Mädchen jedoch zunächst nicht. Erst als sie einige Wochen später auf der Homepage des Vereins die Bilder ansehen, entdeckt A die Aufnahme von sich im Bikini auf der Vereinsseite. Sie fühlt sich stark in ihren Persönlichkeitsrechten verletzt.

Problem/ Fragestellung

Hier ist das Problem der Umgang mit sensiblen Fotos. Inwieweit handelt es sich hier um sexuelle Gewalt?

Wann dürfen Fotos ohne Einwilligung der abgebildeten Personen veröffentlicht werden?

Fallbearbeitung

Der Begriff der sexuellen Gewalt scheint hier anfänglich etwas hochgegriffen, doch abwegig ist er nicht. Sexuelle Gewalt schließt nicht automatisch körperliche Gewalt ein. Sie kann in mehreren Abstufungen vorkommen, wie z.B. als Grenzverletzung oder Übergriff. Eine Grenzverletzung geschieht, wenn Personen mit ihrem Verhalten bei Anderen eine Grenze überschreiten. Dies ist hier mit dem Fotografieren der Fall, da A es nicht möchte. Ein Übergriff ist dann passiert, wenn Personen grenzverletzendes Verhalten trotz Ermahnung nicht korrigieren, sondern wiederholen. Auch das ist hier der Fall, da A sich bei dem Fotografen beschwert und ihn darum bittet, keine Fotos mehr von ihr zu machen, was er missachtet.

Das hochladen der Fotos auf die Homepage könnte für den Fotografen strafrechtliche Folgen haben, da er heimliche Aufnahmen veröffentlicht hat, die auch in die Intimsphäre der Mädchen eingreifen.

Grundsätzlich bedarf es vor der Veröffentlichung von Bildnissen der Einwilligung der abgebildeten Personen, § 22 KUG. Ausnahmen dieser Regelung finden sich in § 23 KUG. Hiernach dürfen in bestimmten Fällen auch Bildnisse ohne die Einwilligung erteilt werden. Der Bundesgerichtshof hatte beispielsweise eine Klage abgewiesen, in der die Klägerinnen Schadensersatz wegen der Veröffentlichung eines Fotos von einem Mieterfest in einer Mieterzeitschrift forderten (BHG VI ZR 197/13).

In unserem Fall greift der § 23 KUG jedoch nicht, sodass der Fotograf auf jeden die Einverständnis der abgebildeten Mädchen benötigt hätte.

Gesetzliche Grundlagen

Art. 1 GG

Art. 2 GG

§201a StGB - Verletzung des höchstpersönlichen Lebensbereichs durch Bildaufnahmen

§ 22 KUG

§ 23 KUG

Beachte

- Bestenfalls nicht auf § 23 KUG vertrauen, sondern:
    - Vor einer Freizeit Einverständniserklärungen über Bildaufnahmen von den Erziehungsberechtigten unterschreiben lassen.
    - Sensibel mit persönlichen Aufnahmen umgehen
    - Vor der Einstellung auf eine Homepage Überprüfung der Bilder durch mehrere andere Verantwortliche
    - Schulung und Sensibilisierung der Betreuer!
    - „Nein" der Teilnehmer akzeptieren.

IV. SCHLUSSWORT

In den vorhergehenden Seiten haben wir versucht einige brisante Themen aus rechtlicher Sicht zu beleuchten. Solche Vorkommnisse kann es in jedem Verein, gegebenenfalls in abgewandelter Form, geben.

Wie bereits im Vorwort erläutert, ist dieser Reader im Rahmen eines Fachprojektes an der Hochschule Kehl entstanden und bietet keine Gewähr auf rechtliche und thematische Vollständigkeit.

Wir möchten darauf hinweisen, dass die Ausarbeitung im Jahr 2014 stattgefunden hat und bei der weiteren Verwendung auf ggf. entsprechende Gesetzesänderungen zu achten ist.

Wir hoffen, dass Ihnen der Gebrauch dieses Werkes als erste Orientierung für anfallende Probleme in Ihrem Verein helfen kann. Jedoch ist es wichtig, dass Sie sich in Streitigkeiten intensiv in das Rechtsfeld einarbeiten, sich beraten lassen und in schweren Fällen auch juristischen Beistand einholen.

Für organisatorische Probleme empfehlen wir, sich ggf. an Ihren oder einen Dachverband oder an externe Berater zu wenden. In Haftungsangelegenheiten empfehlen wir dringend sich mit einem Rechtsanwalt in Verbindung zu setzen und in Finanzierungsfragen kann Ihnen der Steuerberater weiterhelfen. Bei Unsicherheit auf jeden Fall einen Rechtsanwalt einschalten, der Sie entsprechend individuell beraten und ggf. auch vor Gericht vertreten kann.

Wir wünschen Ihnen weiterhin viel Erfolg in der Vereinsarbeit!

Das Fachprojektteam mit Projektleiter Herden

V. LITERATURVERZEICHNIS

http://sportrecht.org/cms/upload/seminararbeiten/Klingbeil-Haftung_des_Vereins_und_seiner_Leitungsorgane.pdf (Zugriff am 21. 11 2014).

http://www.tuev-sued.de/uploads/images/1203340632787446570397/TMS_LMSI_Helfer0208.pdf (Zugriff am 17. 11 2014).

http://www.siegbach.de/fileadmin/siegbach/user_upload/Dokumente/Merkblatt_Lebensmittelrecht_Vereinsfeste_2011.pdf (Zugriff am 21. 11 2014).

http://lorenz.userweb.mwn.de/skripten/prodhaftg.pdf (Zugriff am 21. 11 2014).

http://www.jurarat.de/garderobenhaftung (Zugriff am 18. 11 2014).

Creifelds. *Rechtswörterbuch.* 21. Auflage. München: Verlag C.H. Beck, 1968.

Hölzl, Alfons. „Aufsichtspflichtverletzung - eine heikle Angelegenheit." Regensburg, 2002.

Landesjugendring Baden-Württemberg e.V. „Medikamente bei Maßnahmen der Kinder- und Jugendarbeit." Stuttgart, 2011.

Riedmeyer, Oskar. „Recht haben im Verein - Vereinsrecht mit Fallbeispielen." In *Grundlagen der Vereinspraxis*, Herausgeber: Hanns-Seidel-Stiftung e.V., S. 9 - 40. München, 2008.

Riedmeyer, Oskar. „Vorsicht Falle! - Haftung in Vereinen - Strategien zu deren Vermeidung und Absicherung." In *Grundlagen der Vereinspraxis*, Herausgeber: Hanns-Seidel-Stiftung e.V., S. 41 - 64. 2008.

Sauter, Schweyer und Waldner. *Der eingetragene Verein.* 19. Auflage. München: Verlag C. H. Beck, 2010.